Vorwort

LEARNING by DOING

DAS GEHEIMNIS DES ERFOLGS LIEGT IM TUN

Learning by doing – so lautet die Devise. Deshalb begleitet Sie dieses Übungsbuch bei Ihrem großen Handlettering-Workshop. Jede Seite ist eine Aufforderung an Sie, zum Stift zu greifen und selbst tätig zu werden. Für das Erlernen des Brushletterings finden Sie in dieser Mappe einen Original-Brushpen von edding.

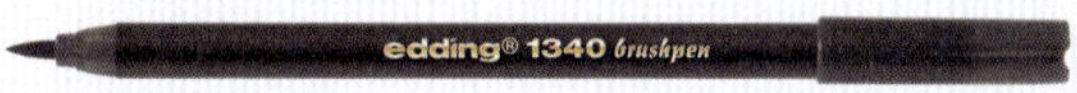

Durch das Malen festigt sich nicht nur Ihr neu gewonnenes Wissen aus dem Workshop. Auch Ihr Muskelgedächtnis und das scharfe Auge, das Sie für ein gutes Lettering brauchen, werden trainiert – und das jedes einzelne Mal, wenn Sie lettern!

Das Wichtigste ist jedoch: Haben Sie Spaß bei der Sache! Bleiben Sie entspannt und lockern Sie Ihre Körperhaltung zwischendurch immer wieder auf. Und jetzt geht's los – greifen Sie zum Stift und malen Sie schöne Buchstaben!

Ludmila

bunte Galerie

Zum Aufwärmen

Das Nachfahren vorgegebener Linien sowie das wiederholte Zeichnen kleinerer Elemente ist eine ausgezeichnete Möglichkeit, das Handlettering zu erlernen. Statt Vokabeln zu pauken und Theorie zu büffeln, können Sie auf den folgenden Seiten gleich in mehrfacher Weise etwas für Ihr Handlettering tun.

Mit diesem Übungsbuch trainieren Sie Ihr Muskelgedächtnis. Je öfter Sie die Linien, Bögen und Muster mit dem Stift nachfahren, desto besser werden Ihre Resultate. Denn Ihre Hände, Ihre Augen und Ihr Gedächtnis üben jedes Mal den Ablauf und das Zusammenspiel, sodass Sie den Stift immer gekonnter über das Papier gleiten lassen. Das Bewegungsmuster geht Ihnen sozusagen in Fleisch und Blut über.

Gleichzeitig machen Sie sich so auch mit Ihrem Werkzeug vertraut. Hier können Sie unterschiedliche Stifte ausprobieren, den Druck von flexiblen Stiftspitzen variieren und auch verschiedene Farben testen.

Tipp

Auch wenn Sie sich in diesem Buch schon weiter vorgearbeitet haben, können Sie ab und zu auf diese ersten Seiten zurückkehren und die Aufwärmübungen wiederholen. Das geht natürlich auch auf einem separaten Blatt Papier. Solche Aufwärmübungen vor dem eigentlichen Lettern machen Sie lockerer, zuversichtlicher und damit auch mutiger – eine gute Voraussetzung für ausdrucksstarke und abwechslungsreiche Letterings.

Verwenden Sie zum Nachfahren und Üben einen Fineliner. Am besten nehmen Sie einen mit einer Strichstärke von etwa 0,4 mm. Das Symbol oben zeigt Ihnen im Folgenden, welches Schreibwerkzeug Sie für die jeweilige Übung verwenden sollten.

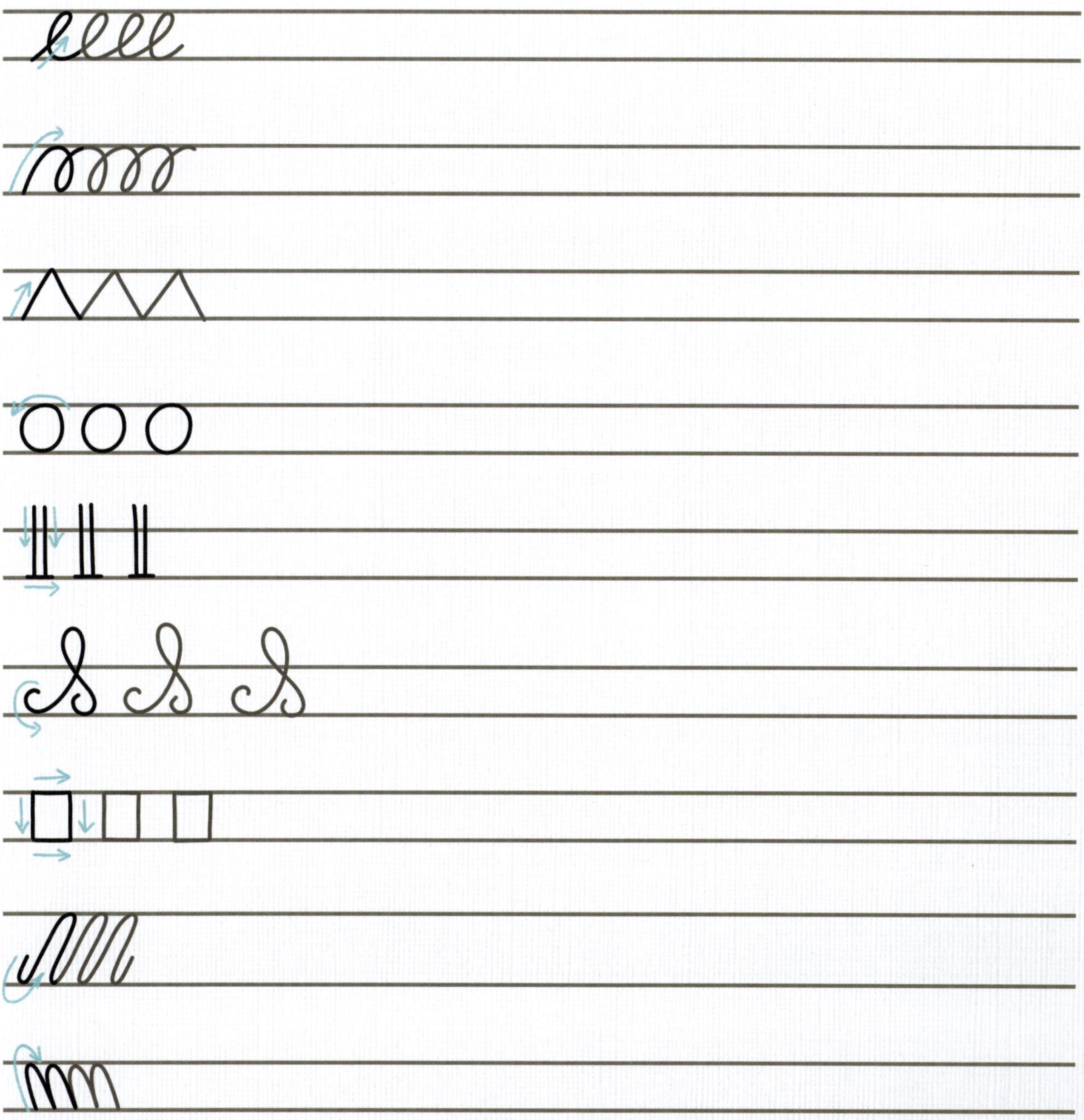

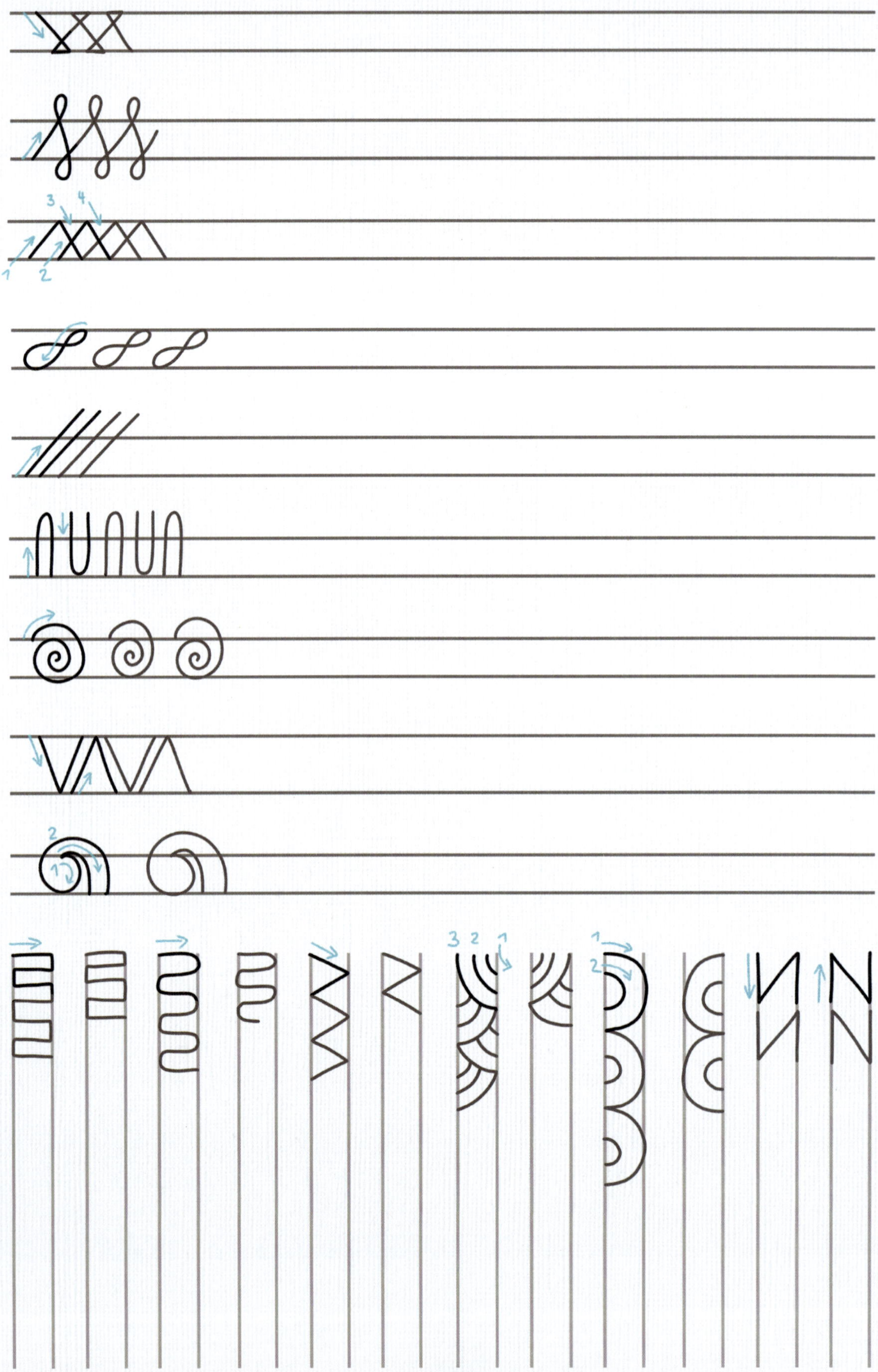

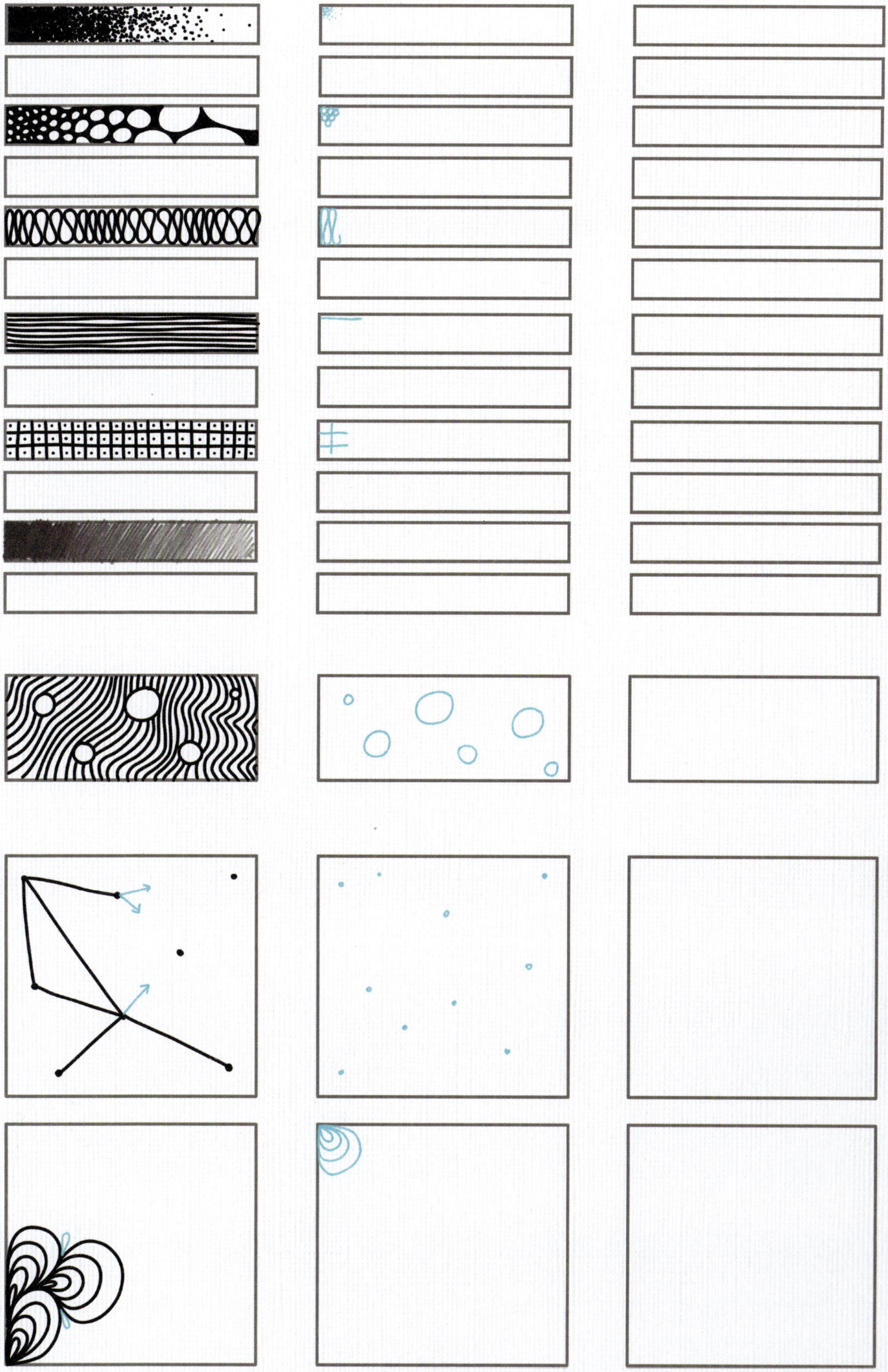

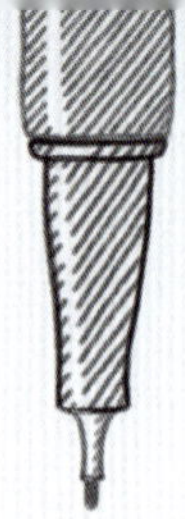

Serifenlose Schrift

Gehen Sie zeichnerisch durch dieses Alphabet. Zeichnen Sie dabei einen Buchstaben immer erst mit einem Fineliner nach. Achten Sie auf die Besonderheiten des Buchstabens, insbesondere auf die Proportionen sowie die Richtung der einzelnen Striche. Zeichnen Sie den Buchstaben dann einige Male selbst, bevor Sie sich dem nächsten Buchstaben widmen.

A A A

B B B

C C C

D D D

E E E

F F F

G G G

H H H

I I I J J J

K K K

L L L

M M M

N N N

O O O

P P P

Großbuchstaben

Q Q Q

R R R

S S S

T T T

U U U

V V V

W W W

X X X

Y Y Y

Z Z Z

ẞ ẞ ẞ

? ? ?

! ! 1 2 3 4 5 6 7 8 9 0

DER DER DER

UND UND UND

WAS WAS WAS

DANKE DANKE

Serifenlose Schrift

a a a

b b b

c c c

d d d

e e e

f f f

g g g

h h h

i i i j j j

k k k

l l l m m m

n n n

o o o

p p p

q q q

r r r

Kleinbuchstaben

s s s

t t t

u u u

v v v

w w w

x x x

y y y

z z z

ß ß ß

aber aber aber

fein fein fein

merci merci merci

Größenunterschiede

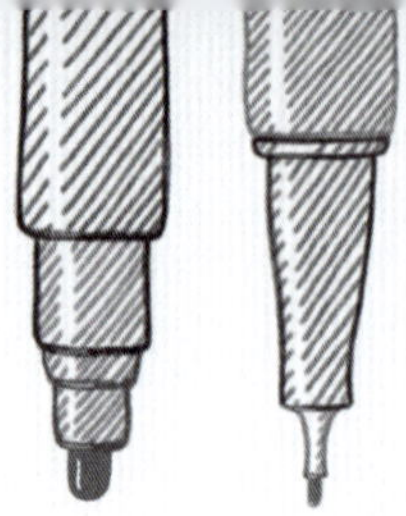

Sobald Sie beginnen, wichtige Wörter in Ihrem Lettering deutlich größer zu malen als den Rest des Textes, werden Sie relativ lange Linien und Bögen gestalten müssen. Sie sollten solche Linien mit viel Zuversicht an einem Stück zeichnen und nicht versuchen, sie etwa aus kurzen Strichen zusammenzusetzen.

Üben Sie lange Linien und Bögen am folgenden Spruch und setzen Sie mutig Ihre Linien mit Fineliner aufs Papier. Erst zeichnen Sie den Spruch links nach, anschließend wiederholen Sie das Lettering auf den Leerzeilen. Wenn Sie möchten, zeichnen Sie sich die Buchstaben vorher leicht mit Bleistift ein. Hier ist das Stricheln erlaubt!

Wer wirklich
vermisst,
MELDET
sich

Unten ist Platz für Ihre eigenen Ideen. Auf der gegenüberliegenden Seite finden Sie ein Lettering aus verschiedenen Sans-Serif-Schriften zum Nachzeichnen. Wenn Sie möchten, können Sie es auch bunt ausmalen.

JEDE MEINER

Falten

HAB ICH MIR

HART

erlacht

Buchstabenskelett

Die Formen, die Ihre Buchstaben annehmen können, sind so vielfältig wie Ihre Fantasie. Zeichnen Sie die folgenden Buchstabenformen und Strichendungen noch einmal in die Zeile darunter. Haben Sie eigene Ideen der Gestaltung? Dann kommen diese ebenfalls aufs Papier. Auf diese Art erarbeiten Sie sich ein eigenes Repertoire verschiedenster Schriftformen.

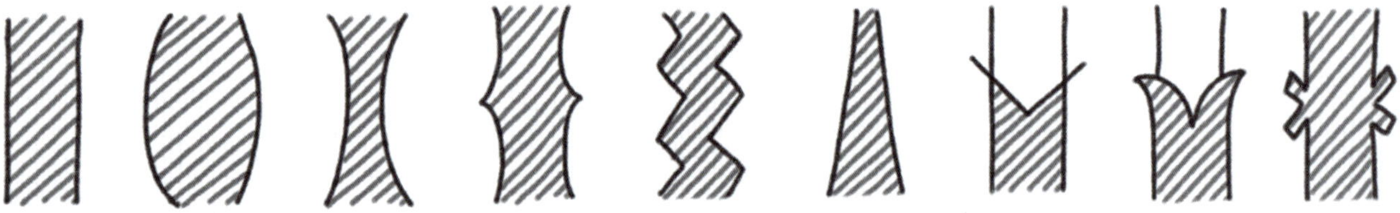

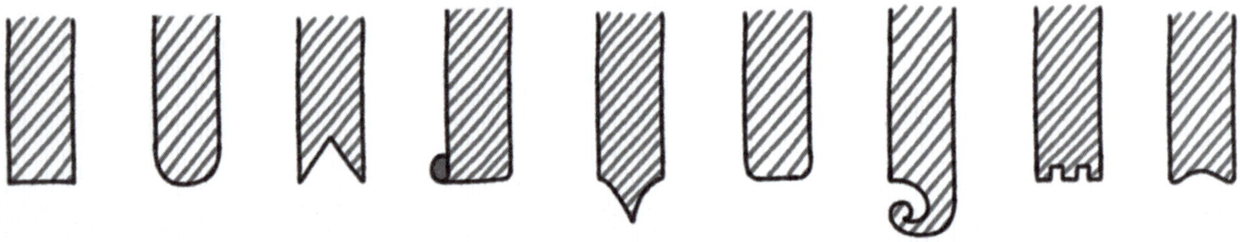

Auf der gegenüberliegenden Seite ist ein Lettering für Sie vorbereitet. Nehmen Sie Ihren Lieblings-Fineliner zur Hand und hauchen Sie der Grafik Leben ein! Bei den wichtigsten Wörtern „Ziel“, „Traum“ und „Termin“ sollten Sie jeweils eine Buchstabenform und eine Strichendung beibehalten, damit das Gesamtbild stimmig wird. Die restlichen Linien ziehen Sie einfach mit dem Fineliner oder einem Filzstift nach – je nachdem, wie dick Sie Ihre Schrift haben möchten.

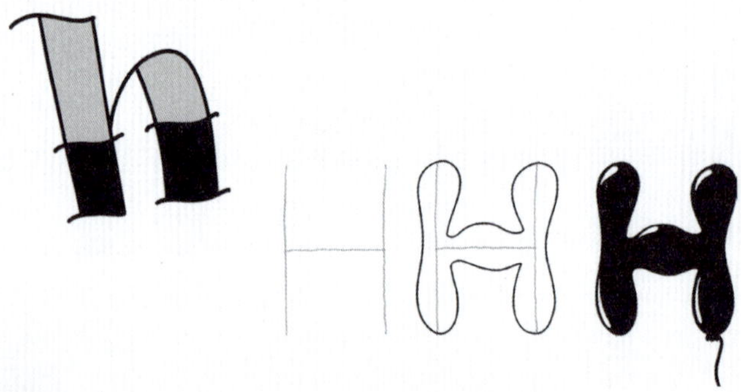

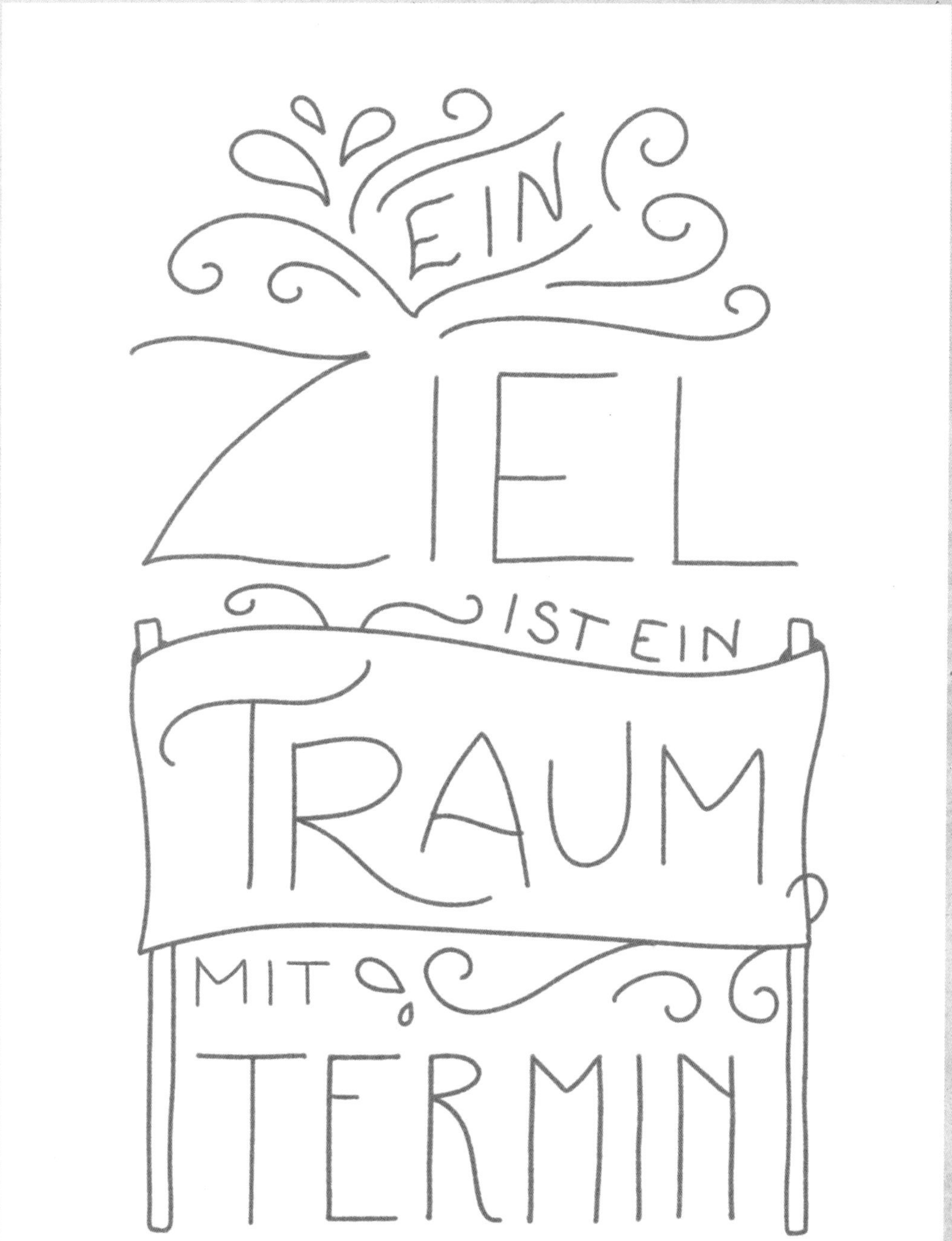
EIN
ZIEL
IST EIN
TRAUM
MIT
TERMIN

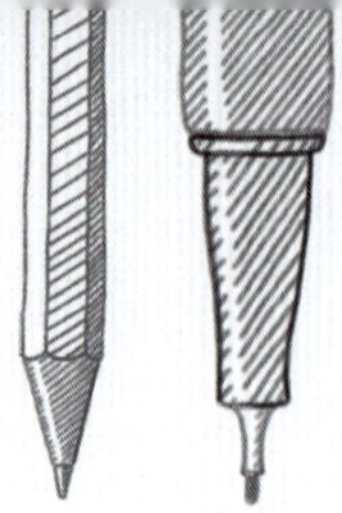

Dreidimensionale Schrift

Stellen Sie sich vor, Sie könnten Ihr Lettering aus einer zentimeterdicken Holzplatte aussägen. Das ergäbe ein tolles, dreidimensionales Wandbild! Auf dem Papier können Sie diesen Effekt leicht nachahmen.

Machen Sie aus diesem flachen Quadrat einen Würfel, indem Sie zuerst Kanten im gleichen Winkel nach oben rechts zeichnen und dann die äußeren Punkte verbinden. Übermalen Sie das Quadrat aber nicht! Als Hilfestellung sind die Linien beim Quadrat bereits angedeutet.
Hätten Sie es auch ohne Hilfe geschafft? Dann machen Sie sich Ihre gute räumliche Vorstellungskraft beim Lettern zunutze!

Was bei dem Quadrat klappt, funktioniert auch für komplexere Objekte. Probieren Sie nun, dem Stern und dem Pfeil eine dritte Dimension zu geben.

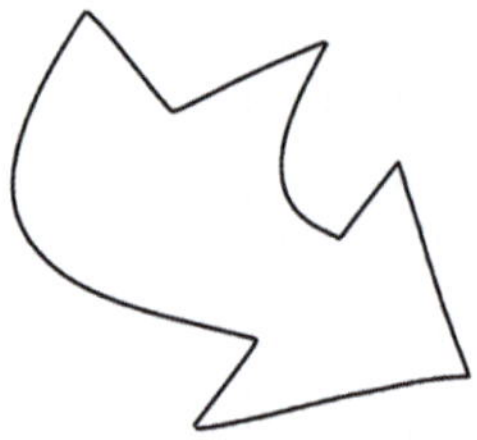

Jetzt verwandeln Sie die beiden Rs in 3-D-Objekte, wobei Sie die Blickrichtung variieren. Zeichnen Sie dazu die Eckkanten bei einem R nach oben rechts, beim anderen nach unten links.

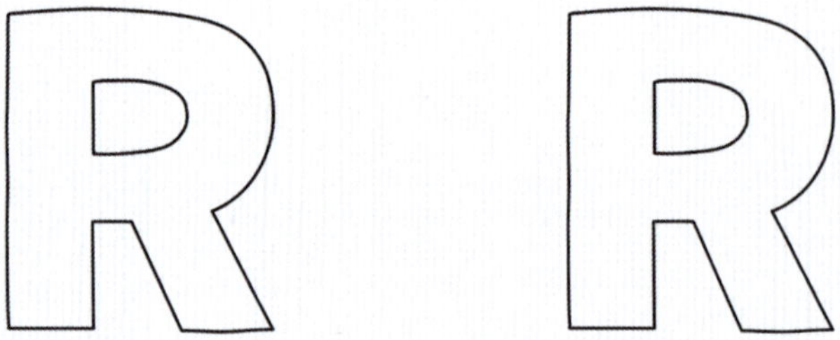

Wo spitze Ecken fehlen, müssen sich die Außenkanten an die runden Formen des Buchstabens anschmiegen. Versuchen Sie, beim „Hallo“ ein ähnliches Ergebnis zu erzielen wie beim M.

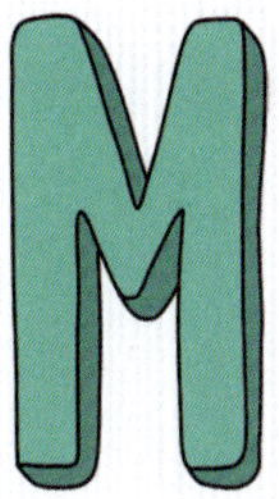

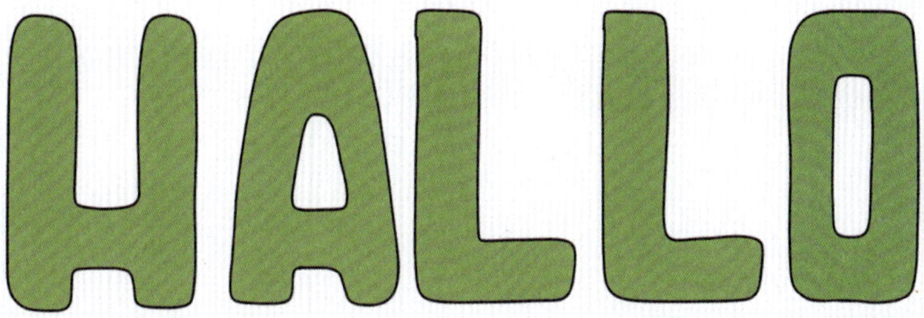

Bei der folgenden Übung entscheiden Sie selbst, welche Blickrichtung Sie bevorzugen und wie tief die Buchstaben werden sollen. Schattieren Sie die dreidimensionale Schrift, um den Eindruck von Tiefe noch zu verstärken.

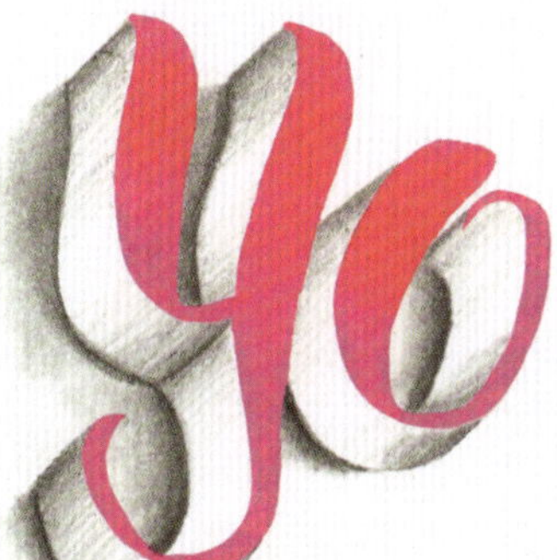

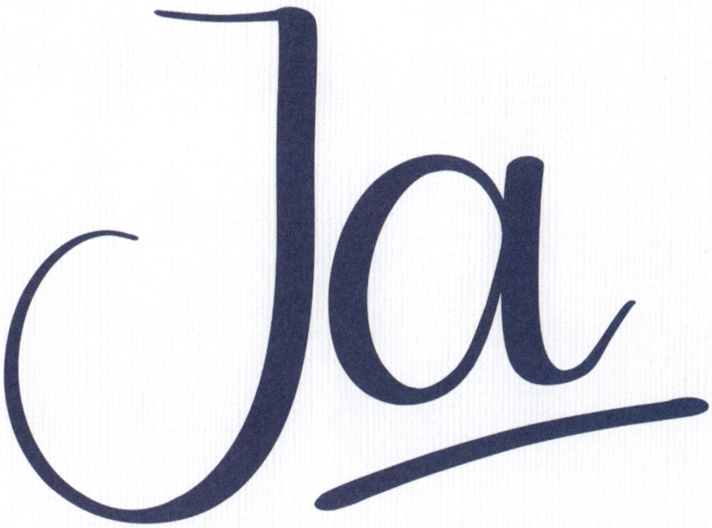

Serifenschrift

Je größer Ihr Repertoire in Sachen Serifen, desto mehr Möglichkeiten haben Sie, Ihre Schriften zu variieren. Beenden Sie die angefangenen Serifen und denken Sie sich ein paar neue aus.

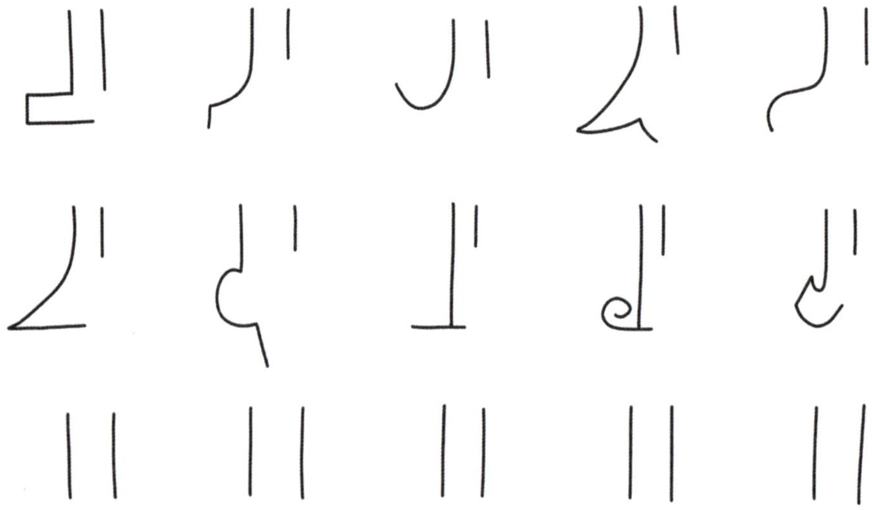

Vervollständigen Sie die Wörter und orientieren Sie sich dabei an den vorgegebenen Buchstabenformen und Serifen.

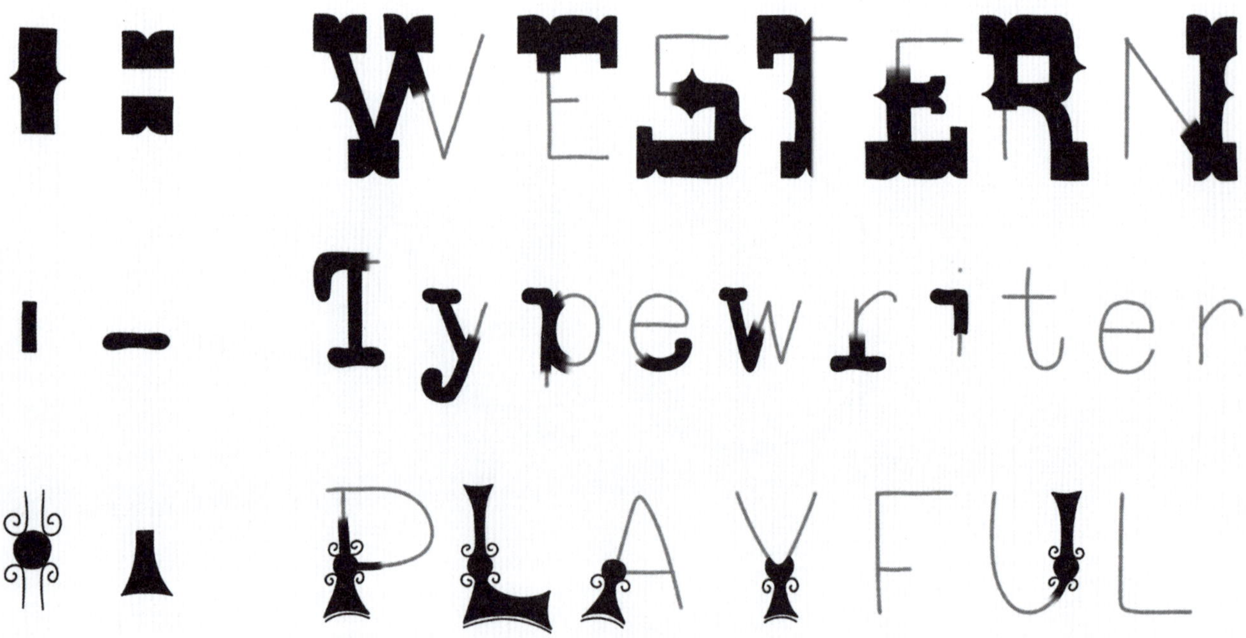

Wenn die Wörter nicht mehr auf einer geraden, sondern einer schrägen oder gebogenen Grundlinie stehen, müssen sich auch die Serifen anpassen. Geben Sie dem Buchstabenskelett einen Körper und Serifen, die sich an die Hilfslinien anschmiegen.

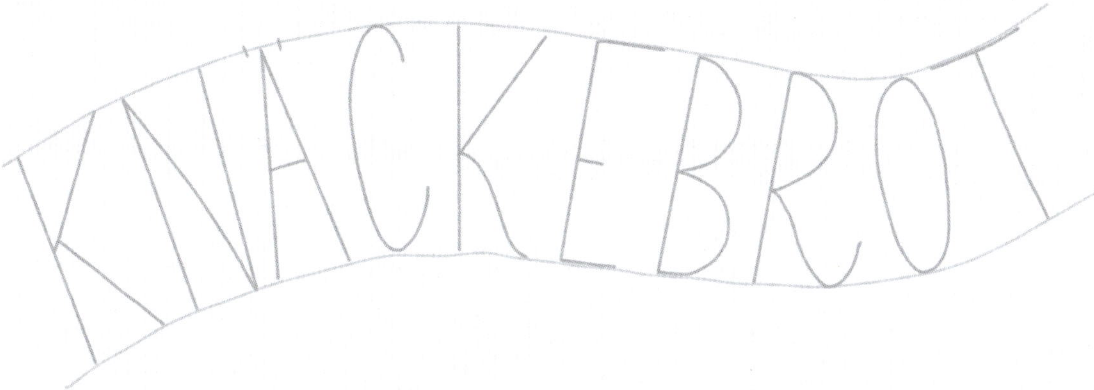

Zeichnen Sie die folgenden Buchstaben in den angegebenen Schritten möglichst detailgetreu nach.

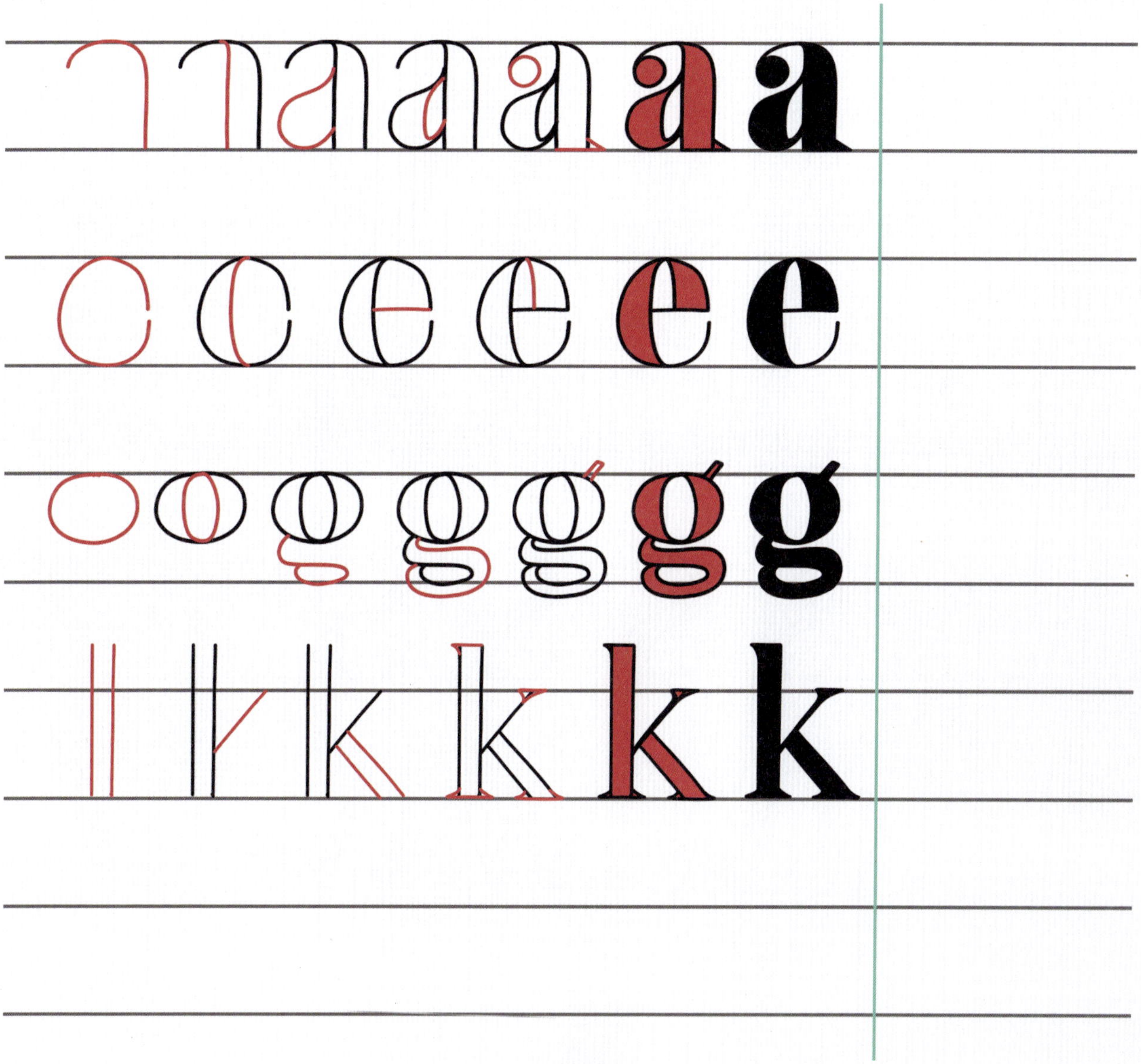

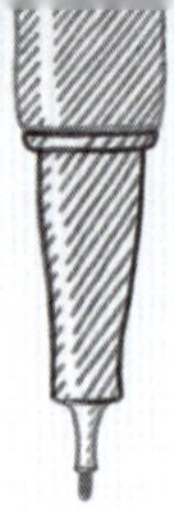

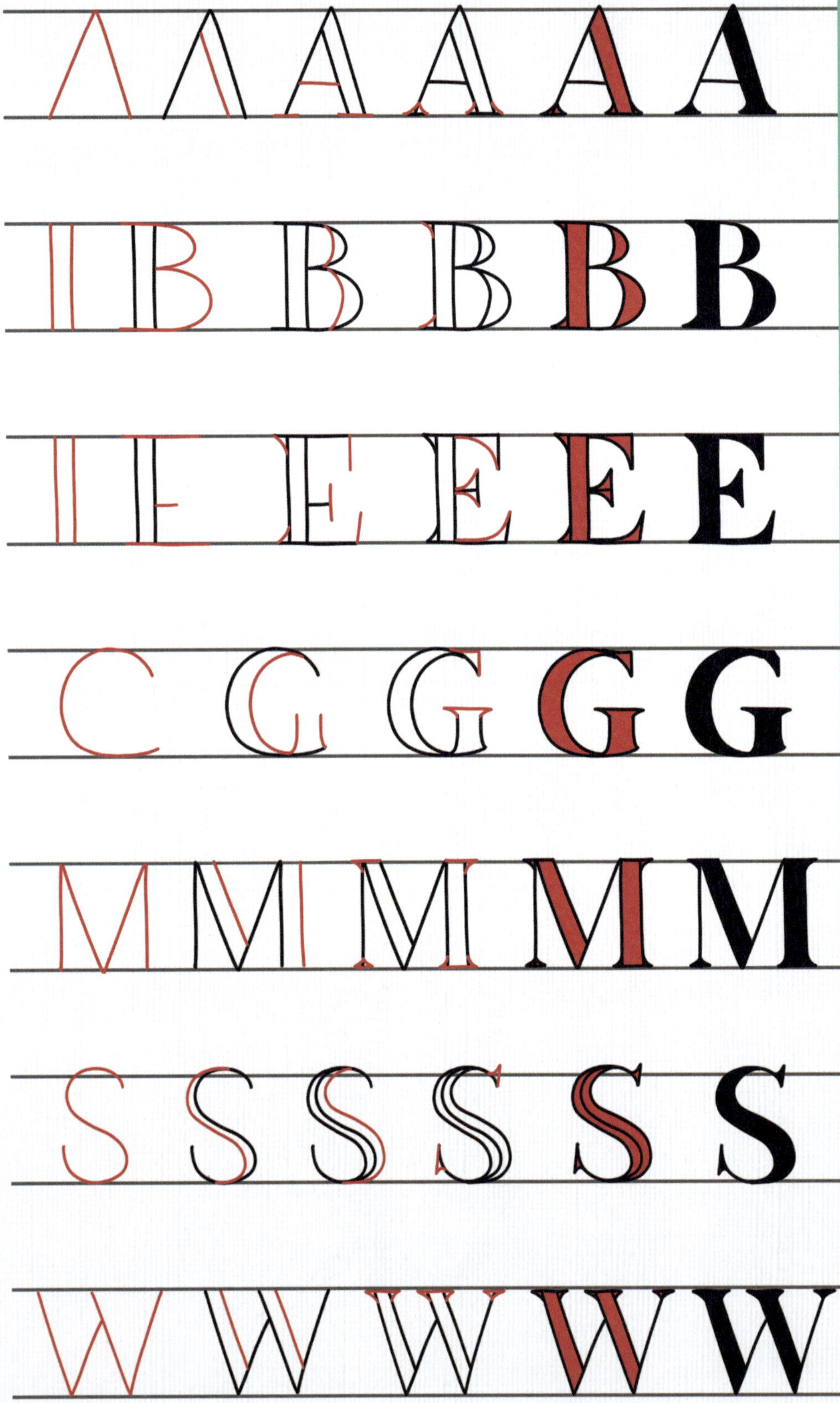

Eierfalten

Erweitern Sie das unten stehende, blaue Buchstabenskelett um einen Körper mit einem hohen Kontrast. Zur Erinnerung: Je mehr sich die Strichstärken innerhalb eines Buchstabens voneinander unterscheiden, desto höher ist der Kontrast! Alle Buchstaben, die Sie dafür benötigen, finden Sie im Bild oben. Ziehen Sie das restliche Lettering (rot) mit einem Fineliner nach, ohne es dicker zu malen.

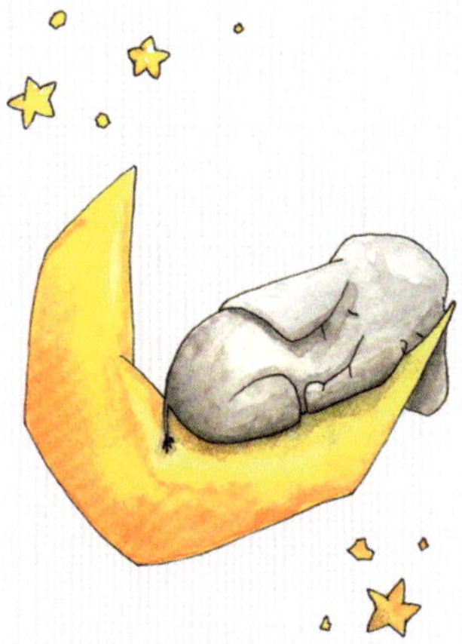

Alles, was nichts mit

Elefanten

zu tun hat, ist

irrelefant

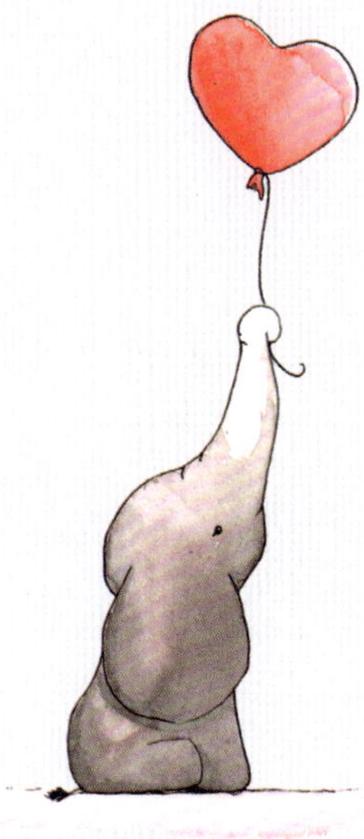

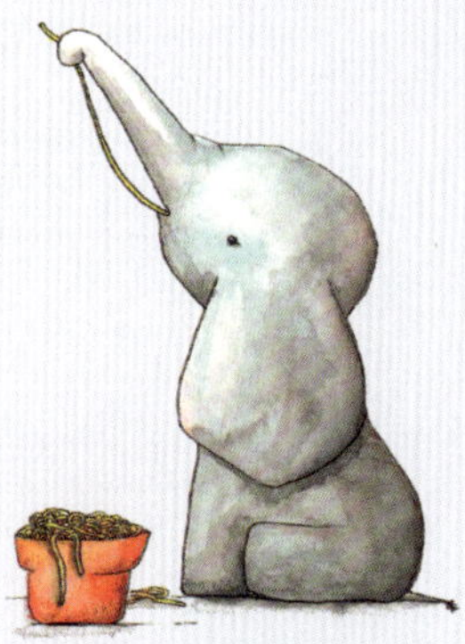

Schreibschrift

Wenn Sie Muße und Ausdauer in das Üben der Schreibschrift legen, wird sich das in Ihren Letterings widerspiegeln. Denn gleichmäßige Formen und eine sichtbare Regelmäßigkeit lassen Ihre Schrift harmonisch wirken. Nutzen Sie die vorgegebenen Formen, um Ihr Muskelgedächtnis zu trainieren, indem Sie sie nachfahren. Auch die einfachen Abstriche sollten Sie nicht unterschätzen, denn hierbei üben Sie auch, gleichmäßige Abstände, Winkel und Strichlängen zu zeichnen.

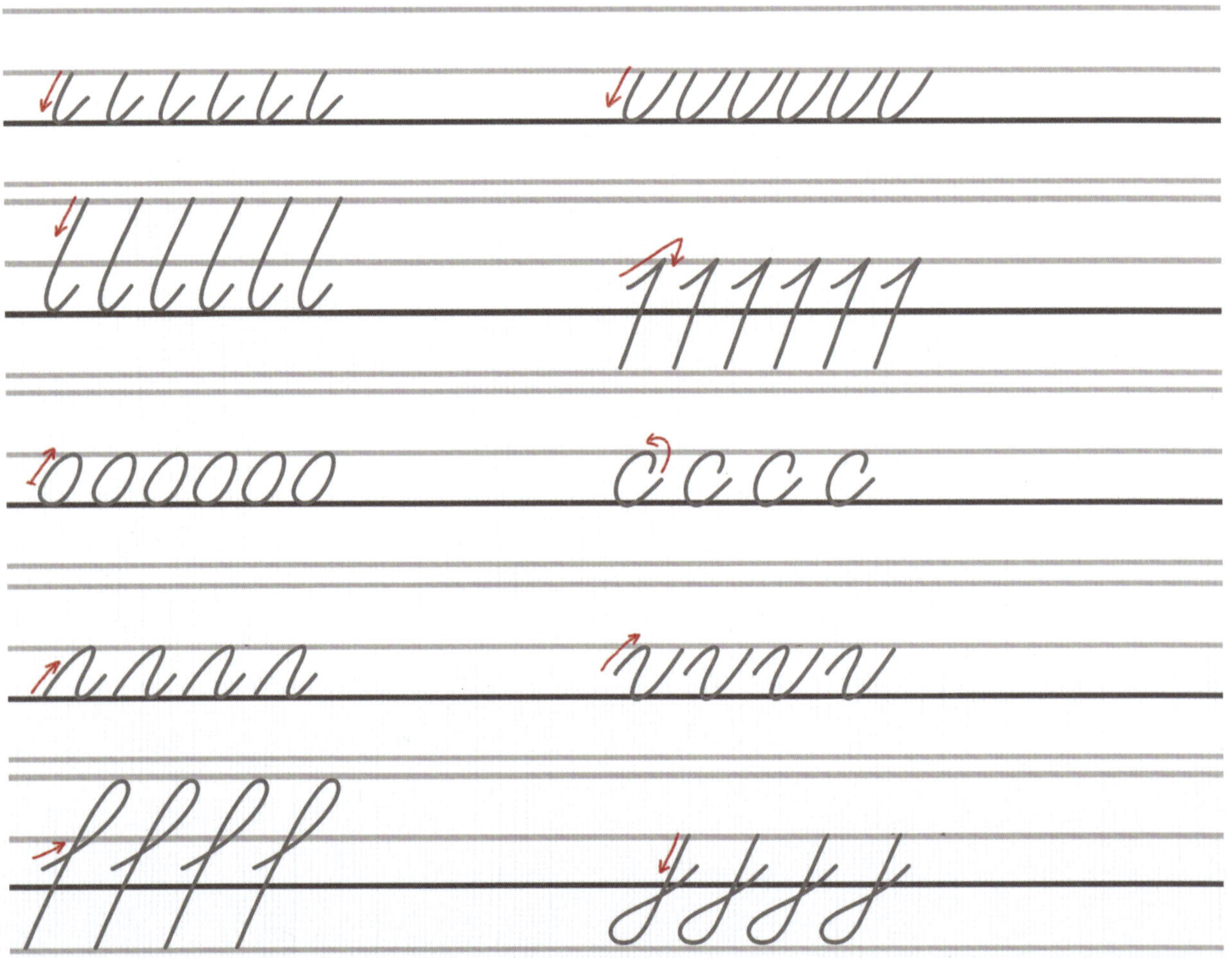

aaa jjj rrr

bbb kkk sss

ccc lll ttt

ddd mmm uuu

eee nnn vvv

fff ooo www

ggg ppp xxx

hhh qqq yyy

iii rrr zzz ʒʒ

A A

B B

C C

D D

E E

F F

G G

H H

I I

J J

K K

L L

M M

N N

O O

P P

Q Q

R R

S S

T T

U U

V V

W W

X X

Y Y

Z Z

Monoline Lettering

Üben Sie hier mit einem Filzstift, der deutlich dicker ist als ein Fineliner. Fahren Sie zuerst die grau vorgemalten Buchstaben nach und wiederholen Sie jeden Buchstaben in der Zeile darunter.

A B C D E F G H I

A

J K L M N O P Q R

S T U V W X Y Z

a b c d e f g h i j k l m

f

n o p q r s t u v w x y z

Faux Calligraphy

Fügen Sie den Faux-Calligraphy-Effekt zu den Buchstaben hinzu. Zeichnen Sie dazu zunächst den Buchstaben nach, fügen dann an den Abstrichen die Verdoppelung der Linien hinzu und malen zum Schluss die Zwischenräume aus.

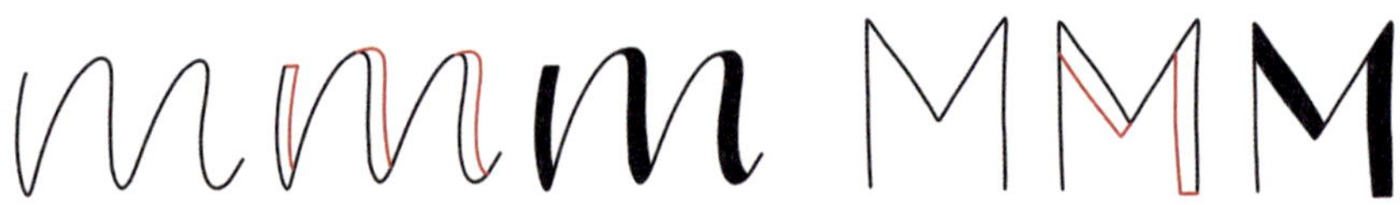

a	h	o	u	A	H	O	
b	i	p	v	B	I	P	V
c	j	q	w	C	J	Q	W
d	k	r	x	D	K	R	X
e	l	r	y	E	L	S	Y
f	m	s	z	F	M	T	Z
g	n	t	ß	G	N	U	

You can
fake a smile,
but you can't
fake your feelings.

Schaffen Sie es, auch bei den Buchstaben auf dieser Seite einen Faux-Calligraphy-Effekt zu zaubern? Stellen Sie sich der Herausforderung und versuchen Sie es auch bei diesen komplexen Formen. Übertreiben Sie es ruhig und malen Sie einen extremen Kontrast.

A B K

W Y

WEISSRÄUME FÜLLEN

Die Faux Calligraphy bietet Ihnen nicht nur Gelegenheit, eine Schreibfeder zu imitieren. Sie können die Weißräume innerhalb der Buchstaben auch mit Mustern oder Farbe füllen. Wenn Sie in den Abstrichen Gestaltungsfläche haben möchten, achten Sie von Anfang an darauf, die Buchstaben entsprechend aufzubauen – die Aufstriche sollen die Fläche nicht kreuzen. Zeichnen Sie die Buchstaben am besten erst einmal mit Bleistift vor.

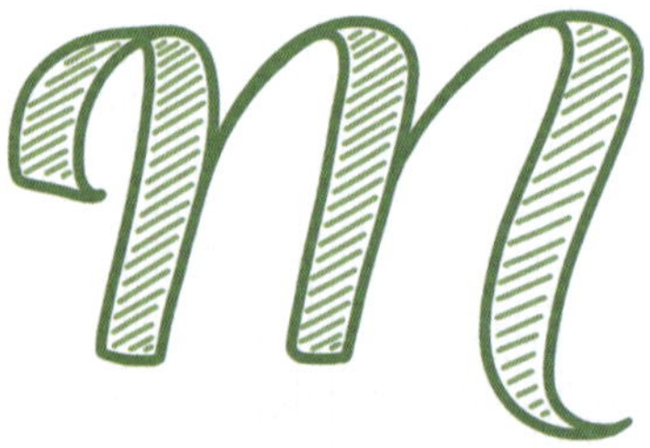

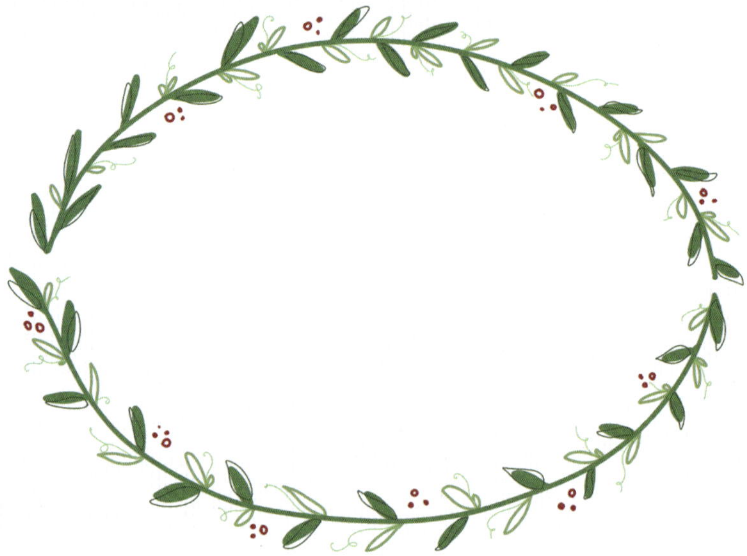

Zeichnen Sie den Buchstaben und das Lettering ab.
Nutzen Sie dafür die Zeichenfläche im jeweiligen Kranz.

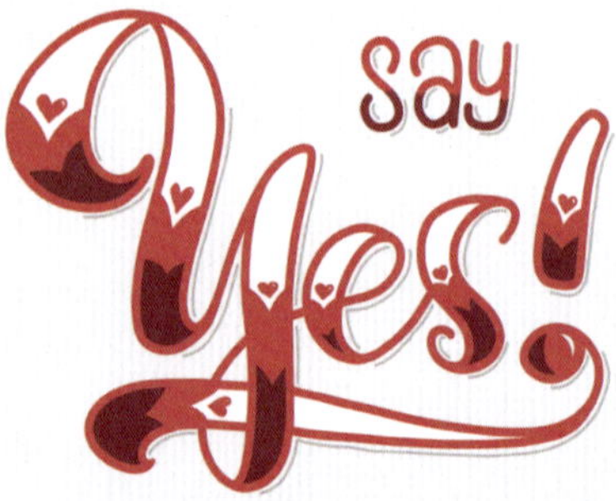

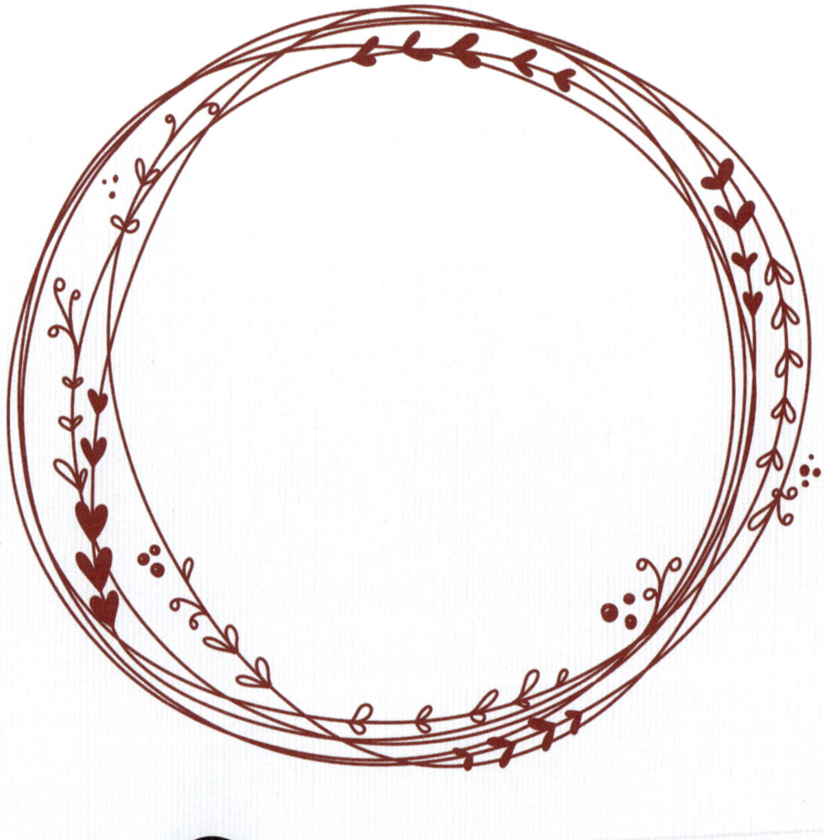

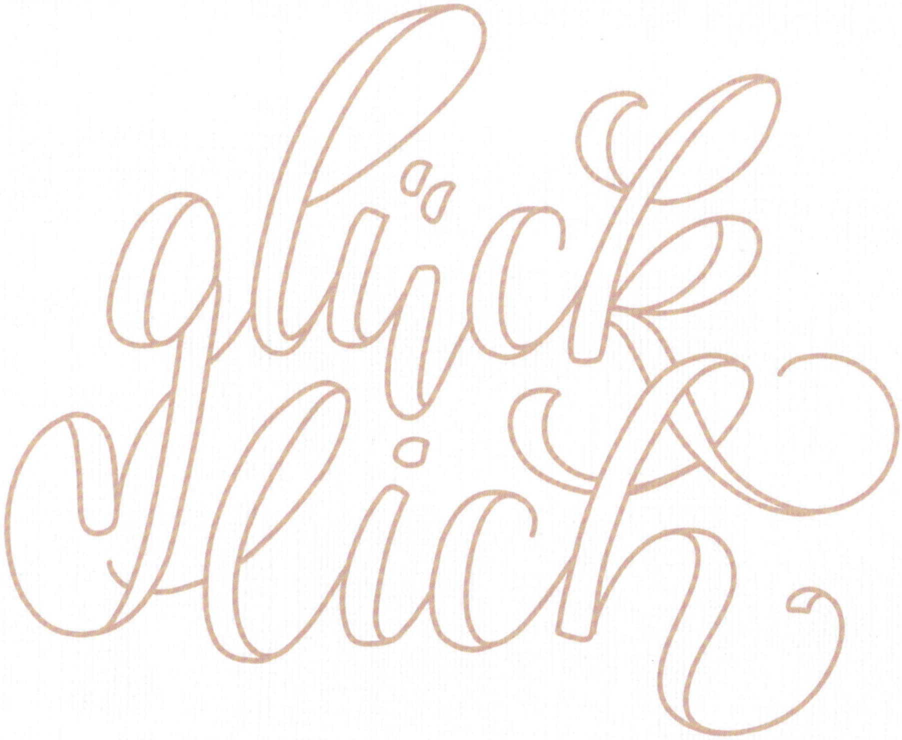

Ziehen Sie die Umrisse mit einem Fineliner nach und füllen Sie dann die breiten Abstriche mit einem Muster oder Ihrer Lieblingsfarbe. Anschließend ergänzen Sie das Wort „glücklich" mit serifenloser Schrift zu einem Spruch. Wie wäre es z. B. mit einem der folgenden:

- Was mich nicht glücklich macht, kann weg.
- Leb so glücklich und so froh wie der Floh in Mexiko.
- Jeder Tag ist eine neue Chance, glücklich zu sein!

Füllmuster

Egal ob Faux Calligraphy oder Druckbuchstaben – je dicker Sie Ihre Buchstabenkörper gestalten, desto mehr Platz haben Sie für noch mehr Kreativität.

Auf dieser Seite sehen Sie zahlreiche Ideen für Muster, die Sie für Ihr Lettering benutzen können. Punkte, Striche, Herzen – es ist alles erlaubt, was Spaß macht. Besonders schön wird Ihr Ergebnis dann, wenn Sie es schaffen, die Muster gleichmäßig zu malen. Hier ist also etwas Geduld und Übung gefragt.

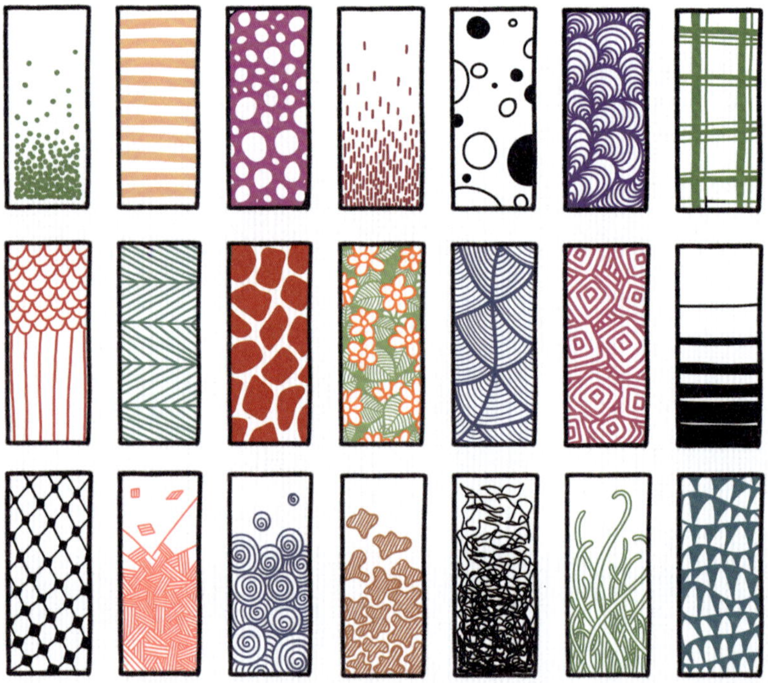

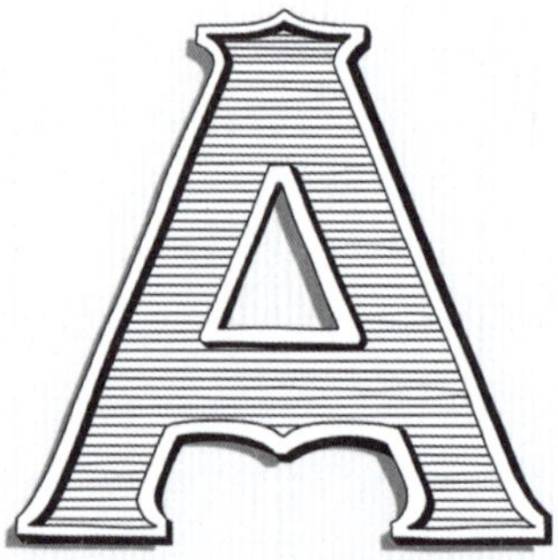

Tipp

Mit deckenden Gelschreibern können Sie auch bei fertig gemalten Schriftzügen im Nachhinein noch Muster hinzufügen.

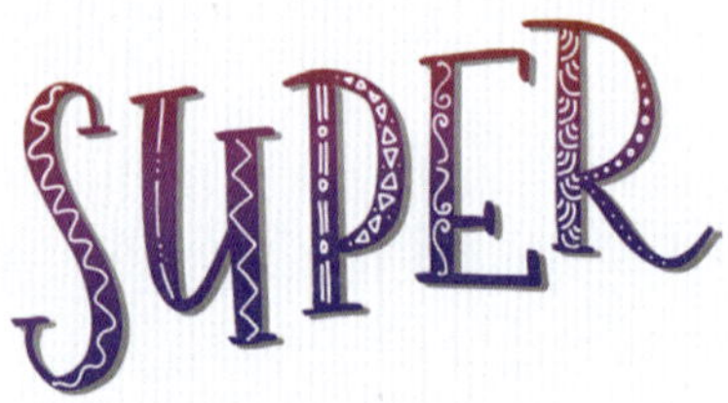

Probieren Sie innerhalb der Buchstaben verschiedene Muster aus.

MUSTER

Füllen Sie das unten stehende Lettering mit Mustern und Farben Ihrer Wahl. Verwenden Sie hierfür Fineliner oder auch Gelschreiber.

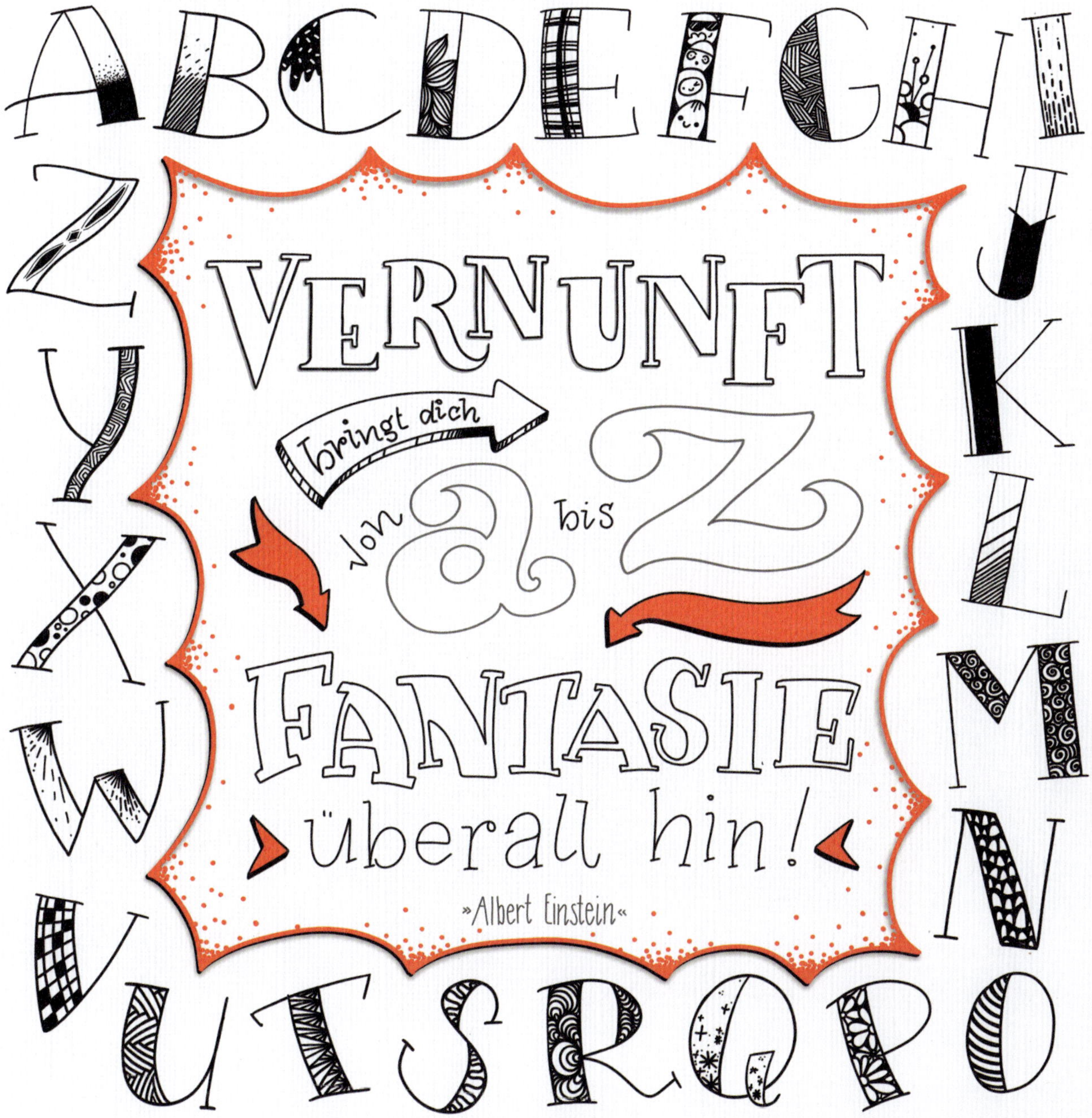

Kombination von Schriftfamilien

Kombinieren Sie Schriftarten so, dass die wichtigen großen Wörter die aufwändigere Gestaltung bekommen und der Rest dünner und einfacher gehalten ist. Unten sehen Sie einige Beispiele, wie verschiedene Schriftfamilien bzw. Schriftstärken miteinander kombiniert werden können. Üben Sie dies mit den Städtenamen und dem dazugehörigen Zusatztext auf der nächsten Seite.

Zeichnen Sie wie üblich Ihr Buchstabenskelett dafür zuerst mit Bleistift vor. Sobald Sie mit Ihrer Skizze zufrieden sind, malen Sie die Buchstabenkörper. Probieren Sie verschiedene Buchstabenformen und auch unterschiedliche Serifen aus.

Als nächstes geht es an die Reinzeichnung. Nun nehmen Sie Fineliner, Filzstift oder auch Gelschreiber und malen die Linien nach, die Sie sich vorgezeichnet haben. Füllen Sie die Buchstaben mit Mustern oder malen Sie sie komplett aus.

serif
mit Schreibschrift

SANS SERIF
MAL DICK
MAL DÜNN

Tipp

Zu guter Letzt können Sie noch kleine grafische Elemente hinzufügen, die zu Ihrem Lettering passen. Beispielsweise kleine Sternchen für Berlin, Herzen für die Stadt der Liebe oder Tropfen für das regnerische London.

KOMBINIERE
SERIFEN MAL MIT
Brush-Skript

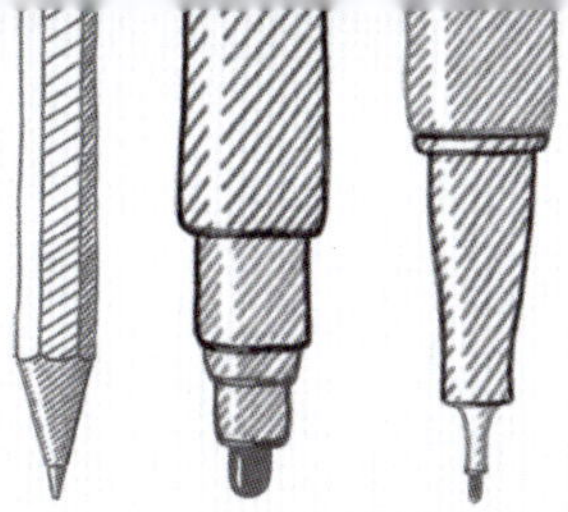

BERLIN
find' ick knorke

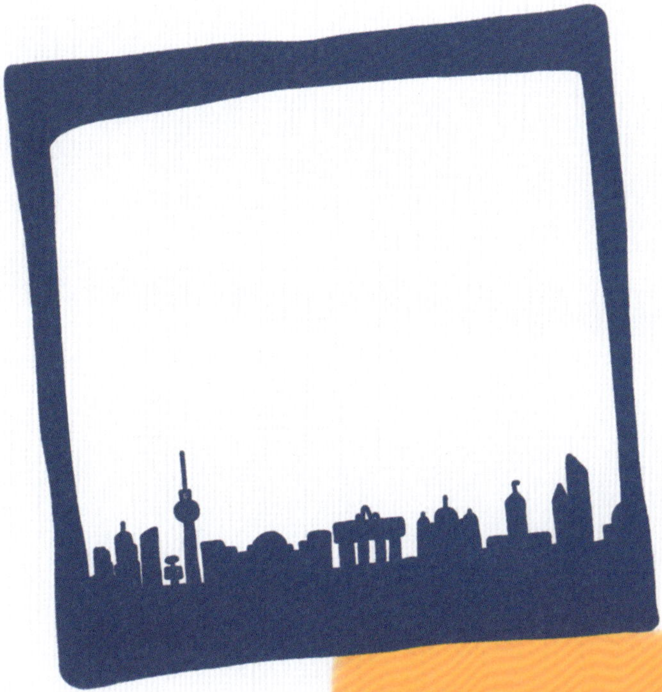

Auf Tour durch
LONDON

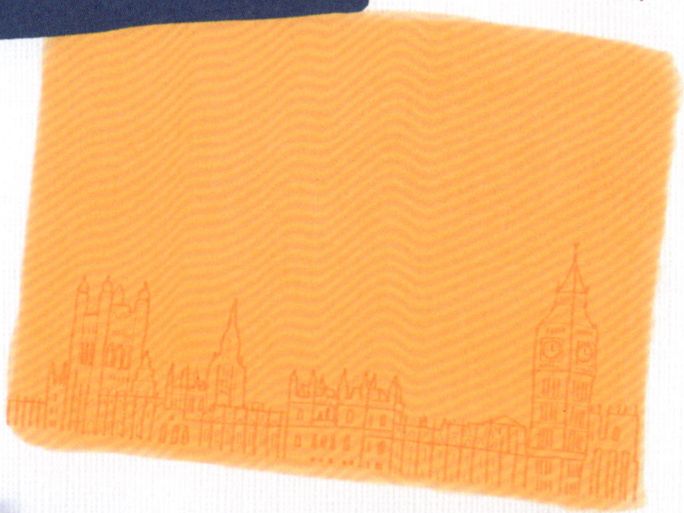

PARIS
Die Stadt der Liebe

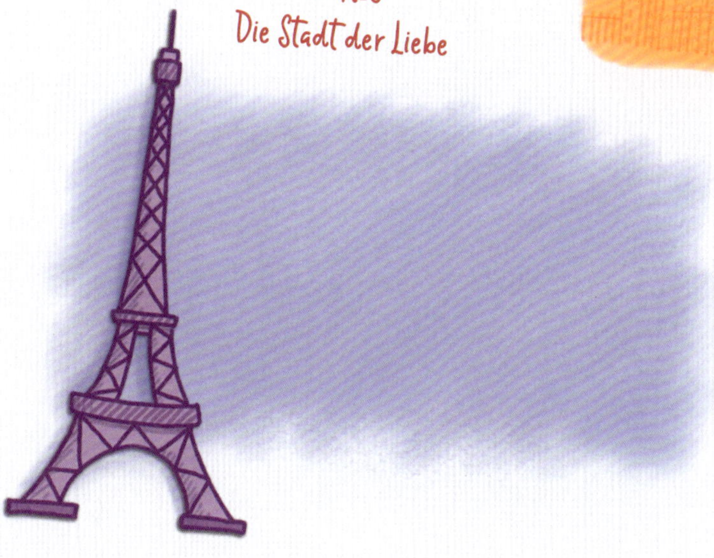

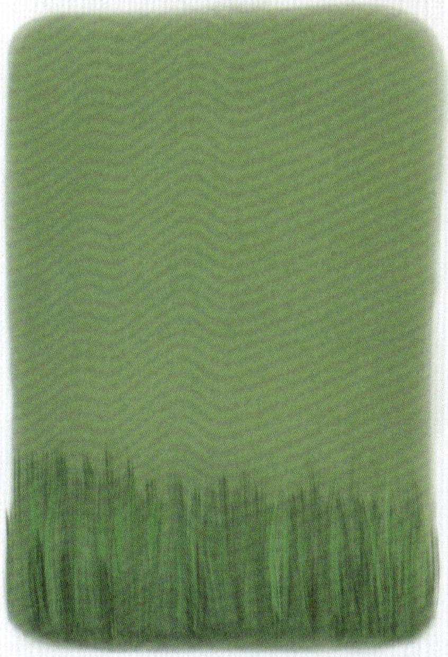

Und was macht Ihren
Lieblingsplatz aus?

Lettern im Kreis und Bogen

Im Workshop (siehe Seite 32) werden unterschiedliche Möglichkeiten gezeigt, Buchstaben um einen Kreis oder ein Oval anzuordnen. Dabei können Sie die Buchstabenachsen parallel nach unten verlaufen oder strahlenförmig aus dem Mittelpunkt kommen lassen. Probieren Sie die verschiedenen Möglichkeiten aus – für einen guten Vergleich können Sie auch mehrmals die gleichen Wörter lettern. Wie wäre es zum Beispiel mit Ihrem Namen?

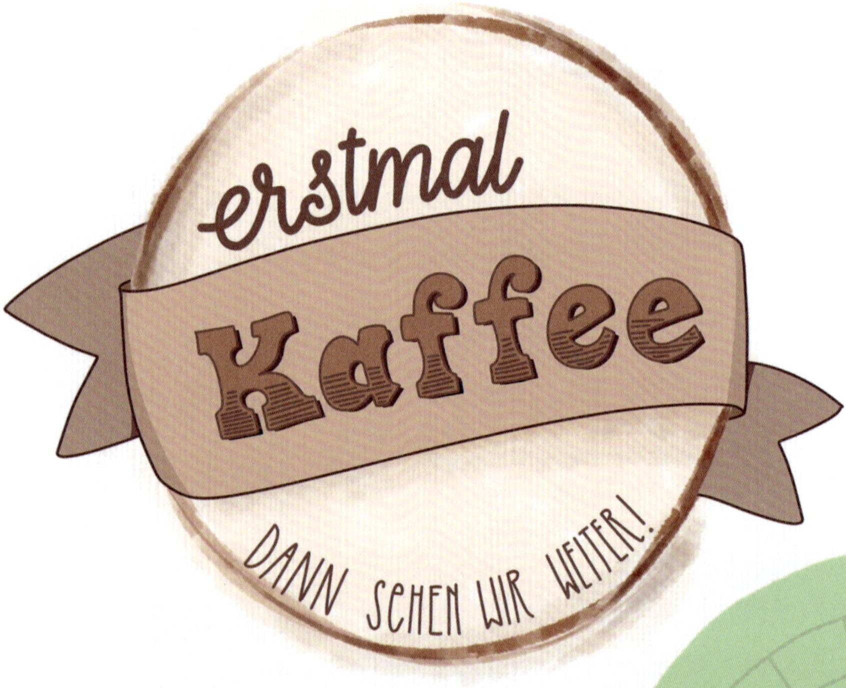

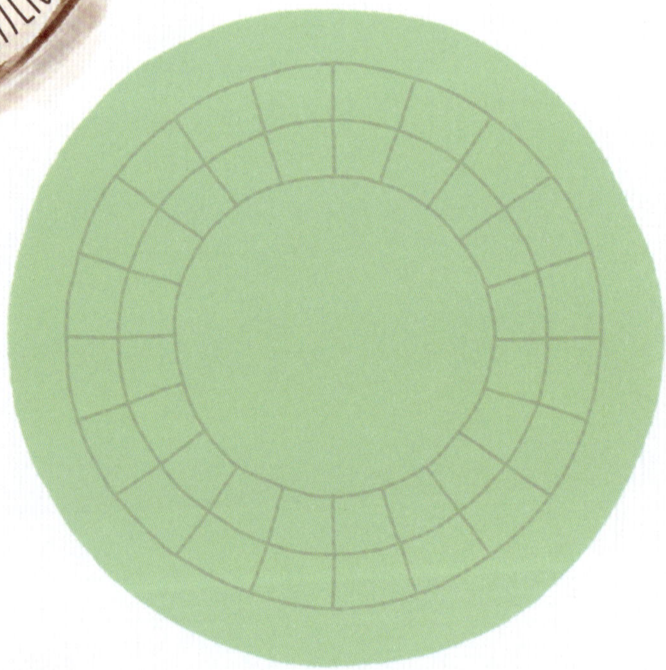

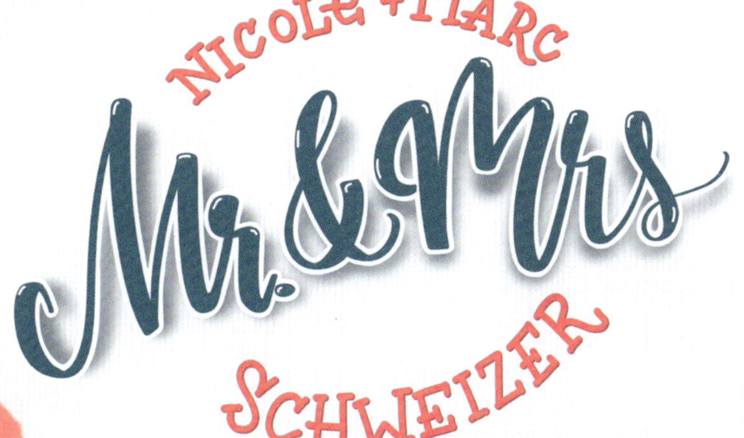
NICOLE + MARC
Mr&Mrs
SCHWEIZER

Einladungskarte gestalten

Druckbuchstaben und Schreibschrift reichen aus, um eine einzigartige und unverwechselbare Einladungskarte zu entwerfen. Lassen Sie sich von der Gestaltungsidee auf dieser Seite inspirieren. Zeichnen Sie auf der nächsten Seite dann Ihre eigene Einladungskarte und greifen Sie dafür auf das zurück, was Sie bisher gelernt haben.

1. Wie immer zeichnen Sie zuerst das Buchstabenskelett mit Bleistift vor. Drücken Sie nicht zu fest auf, damit Sie die Spuren später mit einem Radiergummi beseitigen können.

2. Treten Sie dann einen Schritt zurück und kontrollieren Sie Ihre Rechtschreibung! Sie würden sich wundern, wie häufig man einen Buchstaben vergisst, wenn man sich stark auf das Design konzentriert.

3. Verwenden Sie für Ihr Lettering anschließend Filzstifte für die großen Flächen, Fineliner für die Details und im Fall des Falles Gelschreiber für die Highlights.

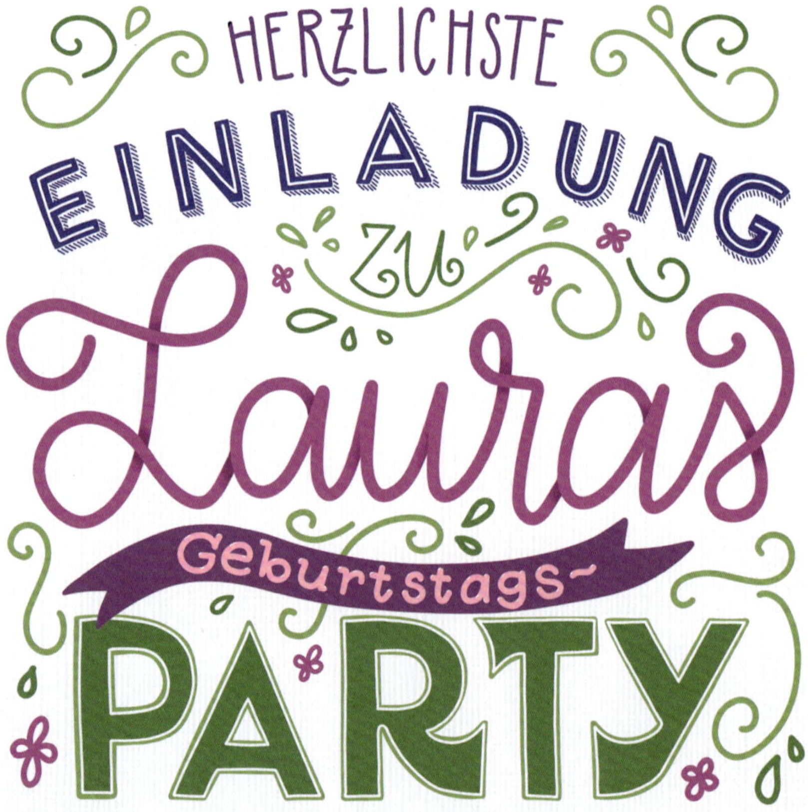

Brush-Script

Fahren Sie die Linien mit Ihrem Brushpen in der angegebenen Richtung nach und versuchen Sie dabei, die Strichstärke entsprechend der Vorzeichnung zu variieren.

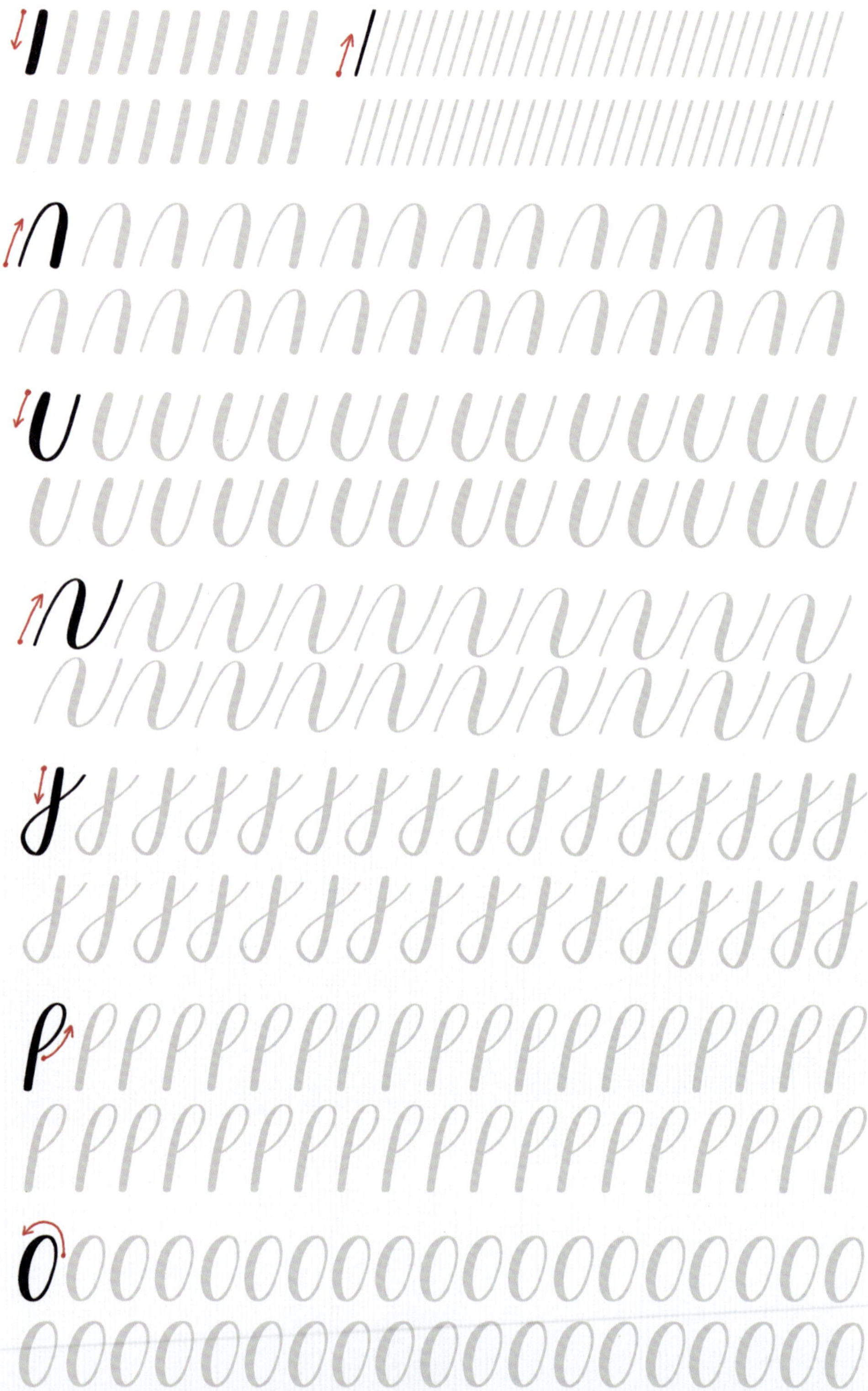

KLEINBUCHSTABEN

a a a a

b b b b

c c c c c

d d d d

e e e e

f f f f

g g g g

h h h h

i i i i i

j j j j

k k k k

l l l l l

m m m m

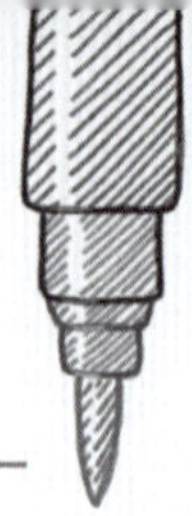

n n n n

o o o o o

p p p p p

q q q q q

r r r r r

s s s s s

t t t t t

u u u u u

v v v v v

w w w w

x x x x x

y y y y y

z z z z z

GROSSBUCHSTABEN

A A A A

B B B B B

C C C C C

D D D D D

E E E E E

F F F F F

G G G G G

H H H H

I I I I I

J J J J J

K K K K

L L L L L

M M M M

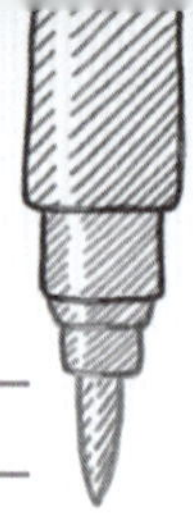

n n n n

o o o o

p p p p

Q Q Q Q

R R R R

S S S S S S S S

T T T T

U U U U

V V V V

W W W W

X X X X

Y Y Y Y

Z Z Z Z z z z z

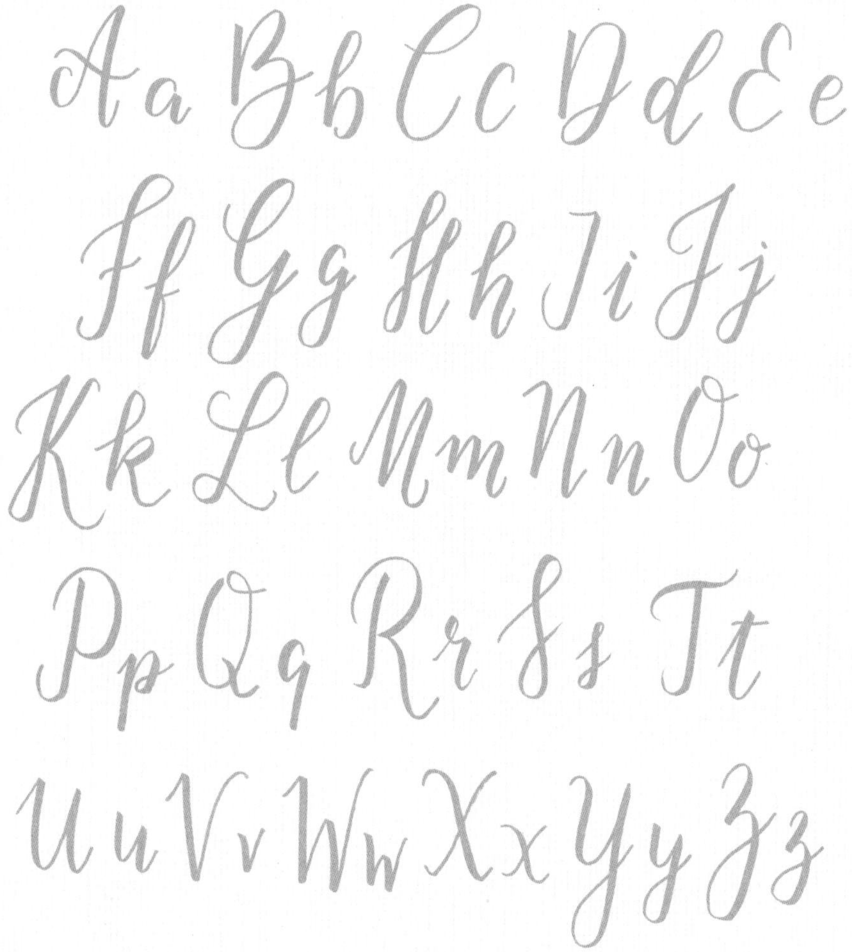

Zeichnen Sie die Buchstaben nach und denken Sie daran, bei den Abstrichen stärker aufzudrücken!

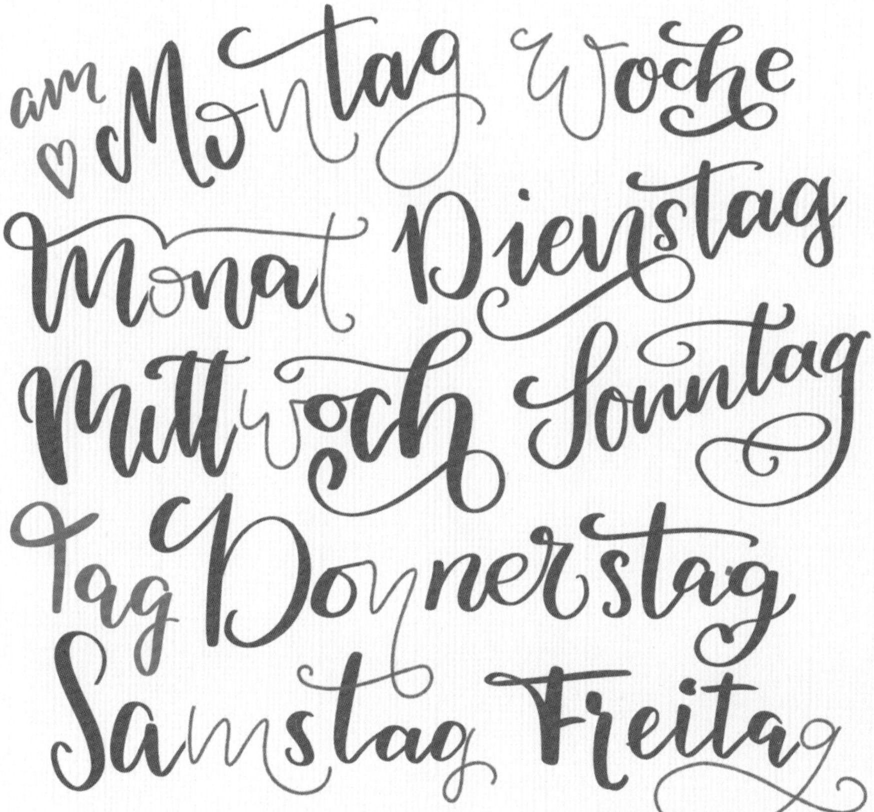

Zeichnen Sie die Wochentage mit einem feinen Brushpen nach. Einige Buchstaben sind nur vorgezeichnet – ergänzen Sie sie, sodass Sie sich ins Gesamtbild einfügen.

Schriftarten kombinieren

Mischen Sie zwei verschiedene Schriftfamilien, während Sie nur eine Art von Werkzeug benutzen – nämlich Ihren Brushpen. Üben Sie die Druckbuchstaben an dem folgenden Alphabet.

Denken Sie daran: Je fester Sie bei den Abstrichen aufdrücken, desto höher wird der Kontrast Ihrer Großbuchstaben. Sie können die dünnen Aufstriche auch in umgekehrter Richtung – also von oben nach unten – zeichnen, wenn es Ihnen leichter fällt. Aber malen Sie sie trotzdem fein, also mit wenig Druck auf der Pinselspitze.

A B C D E

F G H I J K

L M N O P

Q R S T U

V W X Y Z

Verwenden Sie wie im Beispiel rechts am besten zwei verschiedenfarbige Brushpens beim Nachzeichnen der Vorlage. Die Buchstaben in Schreibschrift sind nur angedeutet – verbinden Sie sie schwungvoll.

IRGENDWANN IST
irgendwann
VIELLEICHT ZU SPÄT

IRGENDWANN IST
irgendwann
VIELLEICHT ZU SPÄT

Nehmen Sie hier Fineliner für die Druck- und Brushpen für die Schreibschrift. Den Kranz können Sie nach Belieben ausmalen.

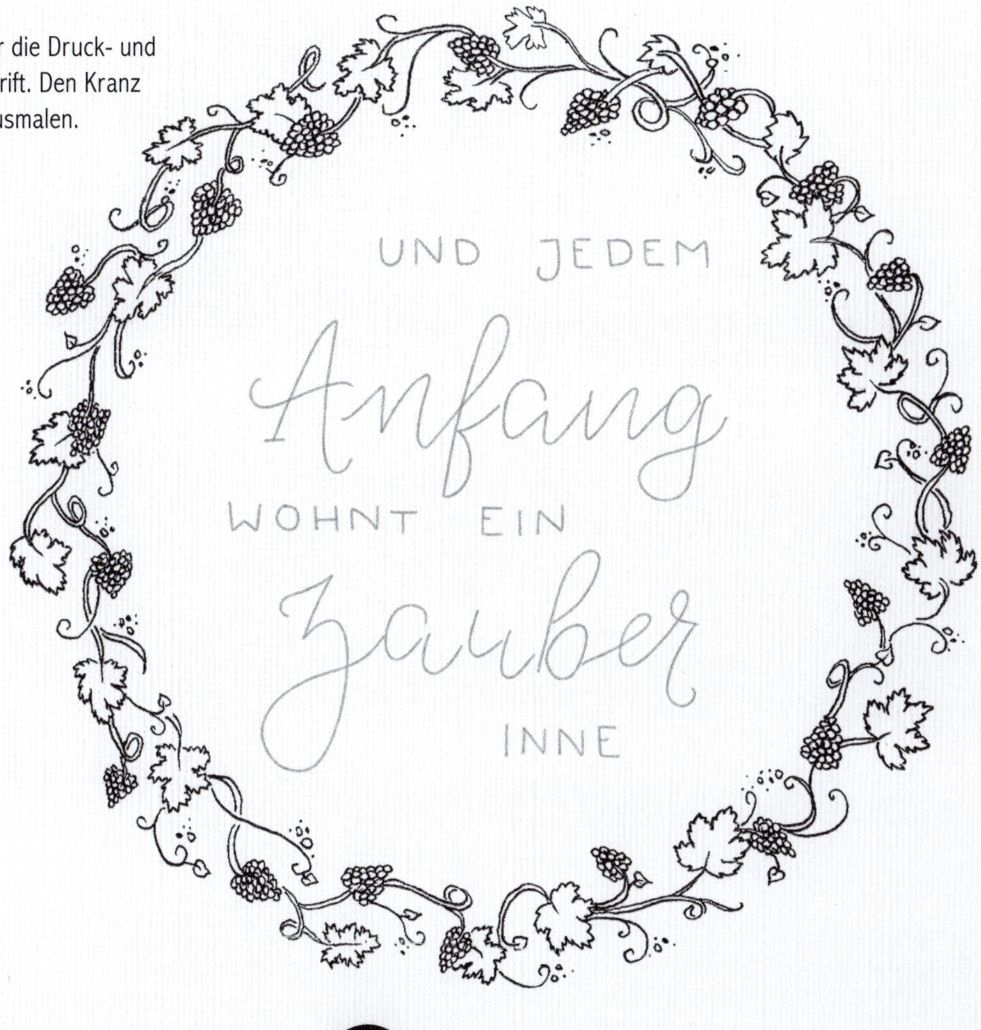

Schnörkel malen

Zeichnen Sie die Schnörkel erst einige Male mit Bleistift nach, bevor Sie sie mit einem Brushpen noch einmal nachfahren.

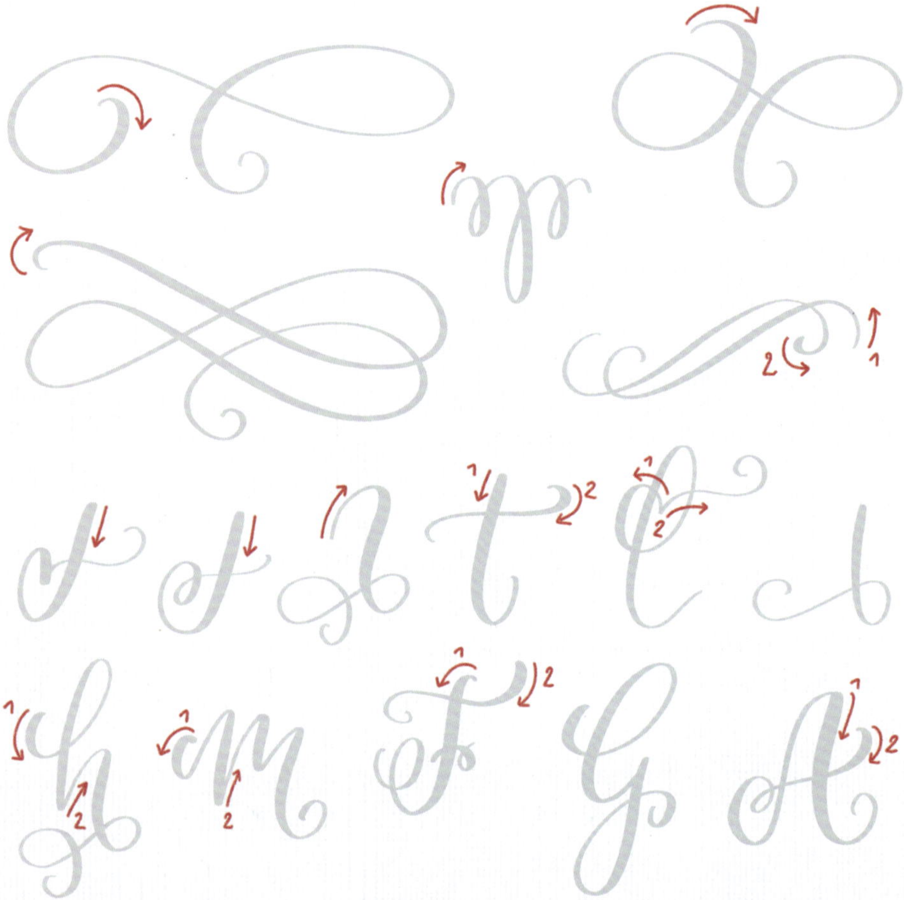

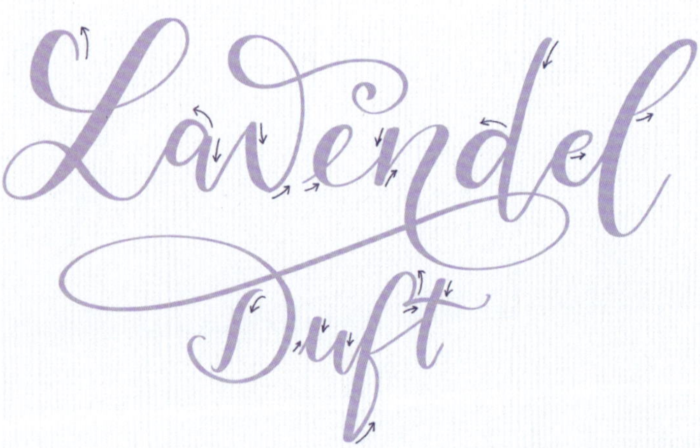

Tipp

Drehen Sie das Papier so, dass Ihnen das Schnörkeln am leichtesten fällt. Oft werden lange Linien schöner, wenn Sie senkrecht zum Körper gezeichnet werden.

Brushlettering

Nun haben Sie all das Wissen, das Sie zum Zeichnen eines kompletten Brushlettering-Kunstwerks brauchen. Unten ist ein Aquarell-Hintergrund für Sie vorbereitet, auf dem Sie das vorgezeichnete Zitat schön ausgestalten können.

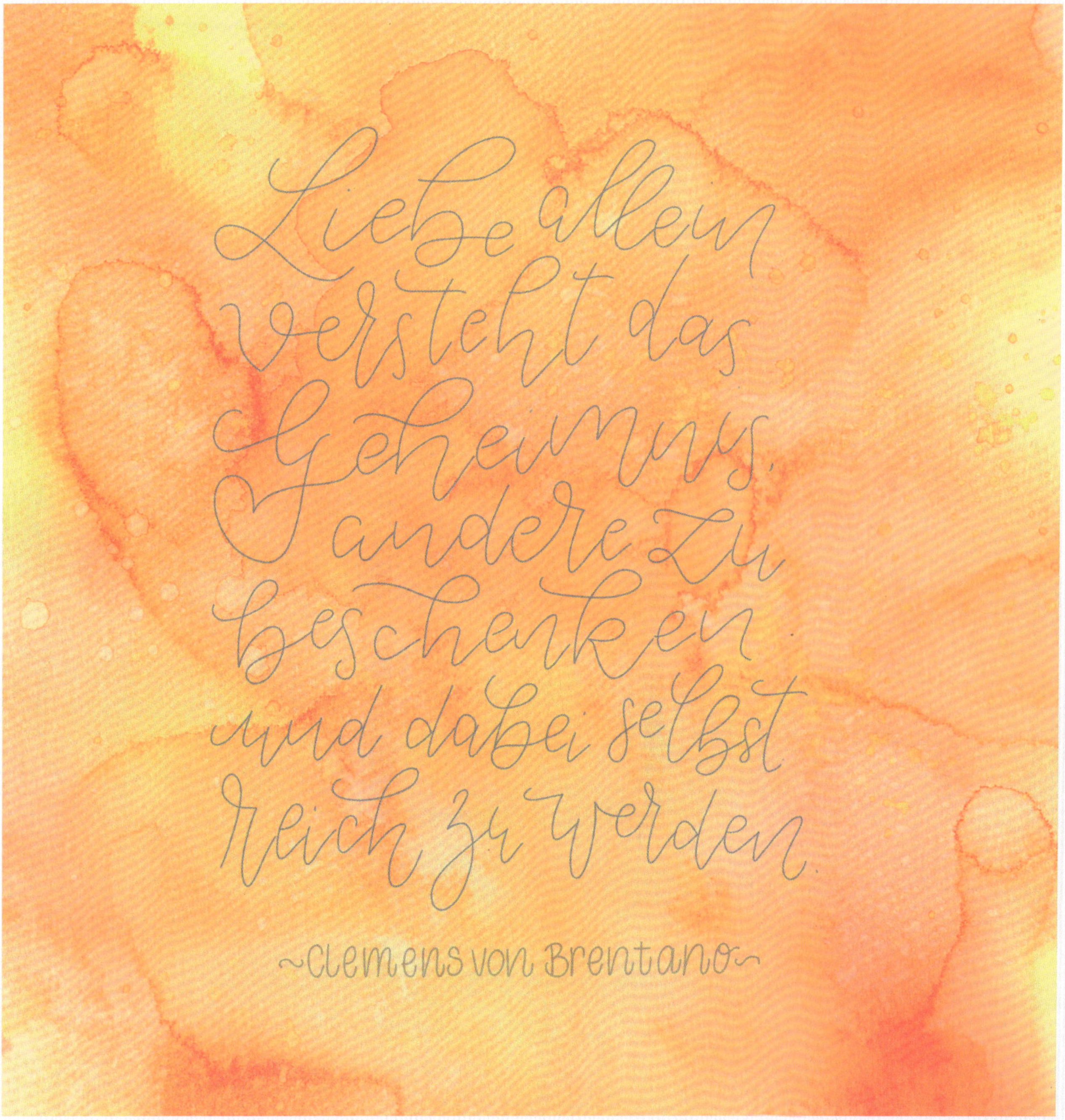

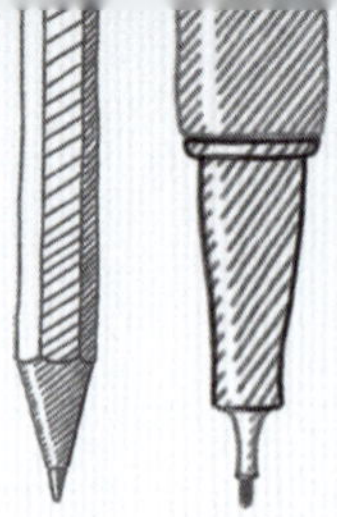

Lettern im Rechteck

Hier bleibt alles im Rahmen! Lettern Sie kurze Sprüche, die Namen Ihrer Familienmitglieder oder ein Zitat in jeden Kasten. Zeichnen Sie mit Bleistift vor und ziehen dann mit einem Fineliner die Buchstabenformen nach.

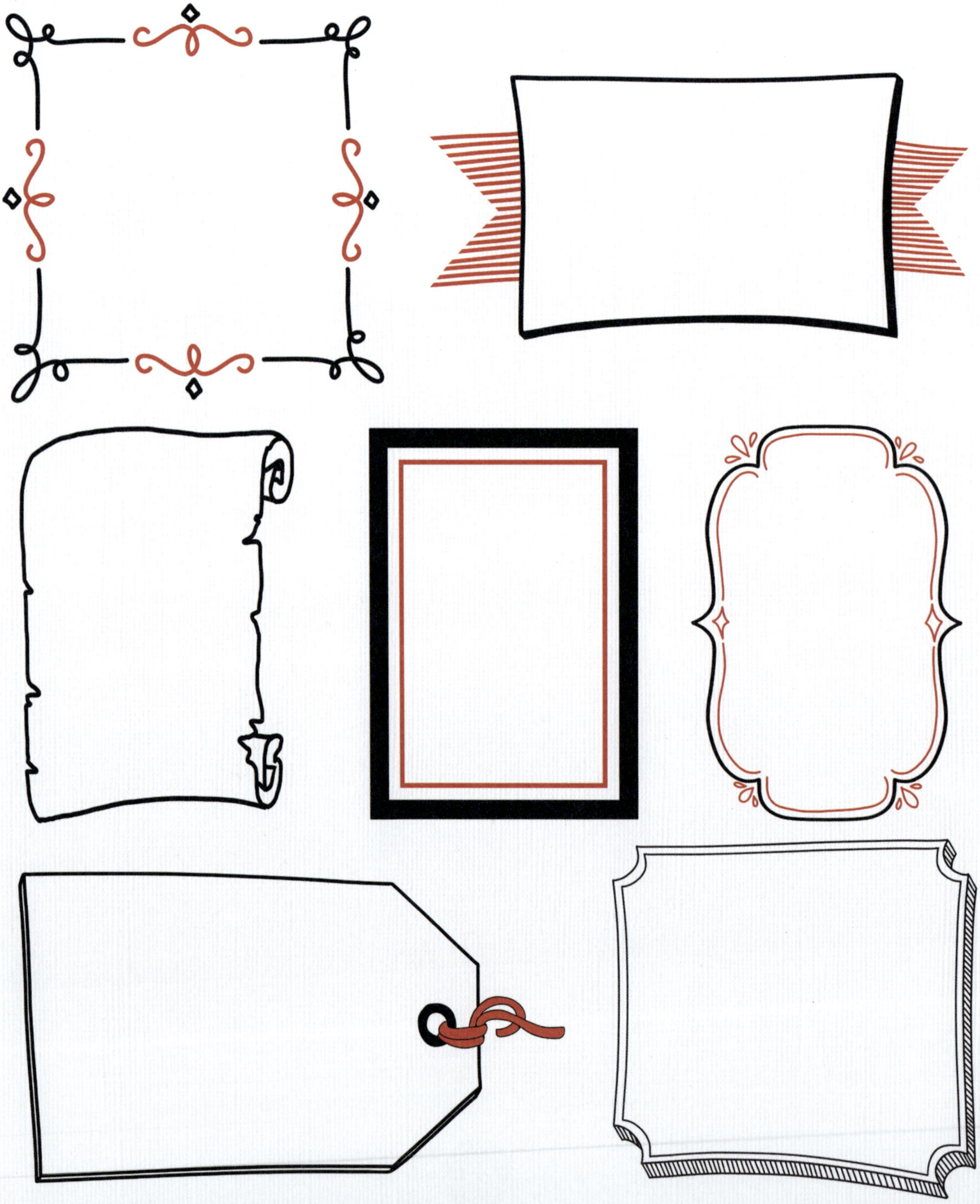

Schmuckelemente zeichnen

Legen Sie sich ein kleines Repertoire an dekorativen, kleinen Illustrationen zu. Selbstverständlich können Sie in Ihren eigenen Letterings beliebige Worte in die Zeichnungen setzen. Malen Sie zur Übung die Schmuckelemente mit Fineliner nach.

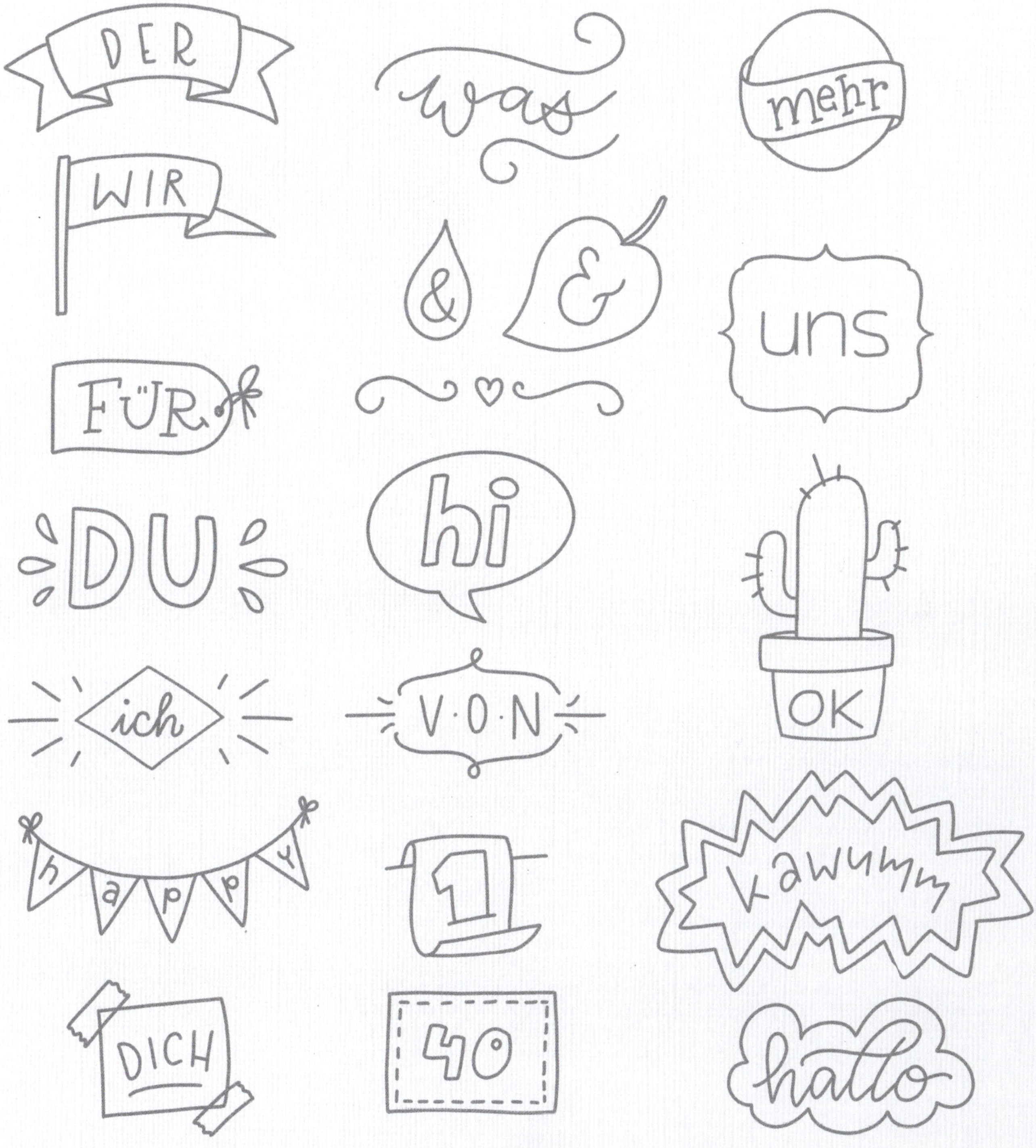

Beim Handlettering gibt keine strengen Regeln – erlaubt ist, was gefällt! Neben verschiedenen Schrifttypen und Buchstabenformen ergeben Verzierungen wie Banderolen oder Schnörkel tolle Effekte, um einen Spruch im Handlettering-Stil zu kreieren! Dafür brauchen Sie Stifte mit einer weichen und flexiblen Pinselspitze – wie die e-1340 brushpens in 20 schönen, leuchtenden und intensiven Farben.

edding®

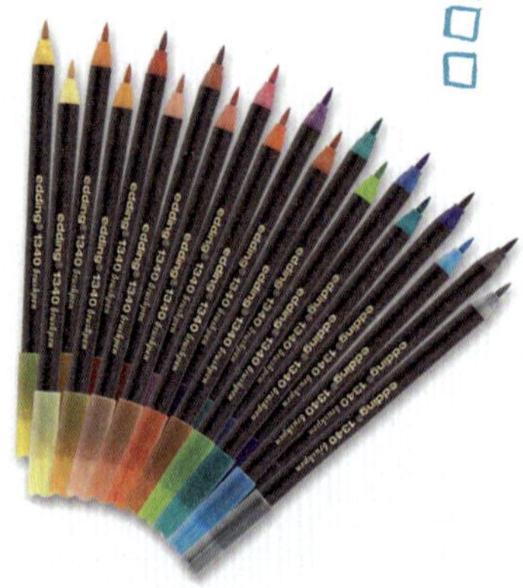

Mehr Informationen & Inspirationen rund um das edding Kreativ-Sortiment finden Sie hier: www.edding.com/de/colourhappy/

Poste dein TOPPlettering-Kunstwerk!

Einfach Schnappschuss machen, Foto mit dem Hashtag #TOPPlettering versehen & bei Instagram, Facebook oder Twitter posten.

Wir freuen uns auf dein Lettering!

IMPRESSUM

ILLUSTRATIONEN UND LETTERINGS: Ludmila Blum

FOTOS: © edding

PRODUKTMANAGEMENT: Hannelore Irmer-Romeo

LEKTORAT: Melanie Schölzke, Stuttgart

COVERGESTALTUNG: Tatjana Ströber

LAYOUT UND SATZ: Arnold & Domnick, Leipzig

DRUCK UND BINDUNG: Tiskárna Grafico s.r.o., Tschechische Republik

FSC
www.fsc.org
MIX
Paper | Supporting responsible forestry
FSC® C187910

Penguin Random House Verlagsgruppe
FSC® N001967

13. Auflage 2024

ISBN 978-3-7724-8341-7

Best.-Nr. 8341